AF280528

Manfred Heymann

Wahre Weisheiten

Band 2
Warum es letztendlich
Kriege gibt und Leid

Meine Erkenntnisse und
Einsichten zu Gott und
der Welt

Mein Lösungsansatz
Gegen Erderwärmung

Edition: Life

Inhaltsverzeichnis

Band 2:
Warum es letztendlich Kriege gibt und Leid

Band 2:
Warum es letztendlich Kriege gibt und Leid

Band 2:
Warum es letztendlich Kriege gibt und Leid

Manfred Heymann: Wahre Weisheiten

Mit freundlicher Genehmigung von Ulrich Heymann.

Band 2:
Warum es letztendlich Kriege gibt und Leid

Vorwort des Autors

Mit diesem Werk werden meine Ideen und Einsichten veröffentlicht ohne jegliche finanzielle Interessen, indem ich in Absprache mit dem Herausgeber kein Honorar hierfür erhalte.

Manfred Heymann, Mai 2010

Band 2:
Warum es letztendlich Kriege gibt und Leid

Einleitung

Angesichts der Existenz Gottes fragen sich viele, warum es noch so viel Leid auf der Welt gibt und warum Gott das nicht verhindert. Deshalb habe ich dazu dieses Werk geschrieben, besonders Kapitel 4 'Warum es letztendlich Kriege gibt auf dieser Welt und wie sie verhindert werden können!'.

Meine Einsicht war damals, vor dem Sommer 2004, daß im Kampf zwischen Gut und Böse auf dieser Welt es immer auch die entsprechende Parallele im Jenseits in Richtung Gut und in Richtung Böse gibt. Es heißt auch: "Der Himmel leidet Gewalt." Die Menschen auf der Erde beeinflussen das Jenseits im Hinblick auf Gutes und Böses, zum Beispiel wie viele Seelen durch gute Werke, Gebete und Gottesdienste für den Himmel gerettet werden und wie viele Seelen durch Verbrechen ewig verloren gehen. Aber auch umgekehrt beeinflußt das Jenseits die Parallele auf der Erde, zum Beispiel durch den Beistand Gottes bei den Menschen. Aber beide Parallelen bedingen sich. Bei vielen Kriegen und Unheil auf der Erde leidet (der barmherzige) Gott sehr.

Dieses mein Buch soll ein Baustein zum Weltfrieden werden.

Band 2:
Warum es letztendlich Kriege gibt und Leid

© by
Ulrich Heymann

Mit freundlicher Genehmigung von Ulrich Heymann.

Band 2:
Warum es letztendlich Kriege gibt und Leid

Mein Lösungsansatz gegen

Erderwärmung

Manfred Heymann

Zur Hilfe für die Menschheit: Nur soll man mir diese meine Idee nicht stehlen (und auch keine andere)!
Wie kann man die Klimaerwärmung der Erde aufhalten und gegensteuern?

Meine Idee, die ich bereits vor Jahren hatte, besteht in meinem folgenden Lösungsansatz:

Indem man mit Solarzellen und allen möglichen Wärmekraftwerken (die zum Beispiel aus schwarzen Blechen preiswert die Wärme in Wasserkreisläufen herausziehen) <u>möglichst viel Energie aus nahezu allen Wüsten der Erde herausholt zur Energiegewinnung!</u>

Meine Idee hierbei:

Je mehr Sonnen- und Wärmeenergie man aus den Wüsten der Erde herausziehen kann,
was die zukünftige Energieversorgung sichern kann,
umso mehr kühlen die Wüsten der Erde ab

Band 2:
Warum es letztendlich Kriege gibt und Leid

und DAS wirkt der allgemeinen Erderwärmung entgegen
und
umso besser kann diese unsere Erde gesamt-klimatisch
abkühlen!

So werden nach meiner Idee die Wüsten der Erde „DER
SCHLÜSSEL" ZUR GEGENLÄUFIGEN ABKÜH-
LUNG DER ERDE

und daher wohl sehr wertvoll, auch zur Energiegewinnung!

Manfred Heymann
28.10.2010

Wenn man zum Beispiel die West-Sahara auf diese ener-
giegewinnende Weise etwas abkühlen kann,

dann werden möglicherweise die Hurrikans, die sich von
West-Afrika über den Ozean bis Amerika aufheizen, nicht
mehr so verheerend und mörderisch, beziehungsweise
werden die künftigen Killer-Hurrikans möglicherweise so
nicht allzu extrem in Zukunft, nach meiner Idee!

Band 2:
Warum es letztendlich Kriege gibt und Leid

Das schreibe ich auch, damit Amerika als Industrienation bei der Abkühlung der Wüsten der Erde hier einen guten Anfang machen kann, was zur gegenläufigen Abkühlung der Erde beitragen kann, nach meiner Idee!

Manfred Heymann

Noch zur Hilfe für die Menschheit:

Da durch endlos viele Wärme-inEnergie-Umwandlungs-Apparaturen-Flächen den Wüsten der Erde Hitze entzogen werden können, kann sich (vor Ort) auf den verbleibenden Böden eine Vegetation für kühlere Temperaturen bilden, wo man nach meiner Idee möglicherweise mittel- oder langfristig Nahrungsmittel für Menschen anbauen kann in den ehemaligen Wüsten und Nutztiere halten!
Und mehr Grün an Pflanzen dort baut zusätzlich Kohlendioxid ab gegen den Erd-Treibhaus-Effekt, wo vorher nahezu nur Wüste war!

Manfred Heymann

Band 2:
Warum es letztendlich Kriege gibt und Leid

Meine Beweise Gottes und der Seele

Für Alle Leserinnen und Leser, die meine Beweise Gottes und der Seele noch nicht kennen, haben Sie hier die Gelegenheit, sie nochmals nachzulesen. Die Nachweise Gottes und der Seele erfolgen allein anhand anerkannter Erkenntnisse der Natur, und jeder kann die Nachweise nachvollziehen.

(1)   Nachweis der Seele

Nachweis:
Die Natur kann theoretisch von Ihnen beliebig viele Zwillinge schaffen, die alle den gleichen Leib haben wie Sie.

Die Frage sei erlaubt:
Warum haben Sie ausgerechnet diesen Leib?

Die Möglichkeit A ist gegeben:
Sie haben diesen Leib.

Es gäbe aber auch die Möglichkeit B:
Sie hätten von den möglichen gleichen Zwillingen einen Leib.

Band 2:
Warum es letztendlich Kriege gibt und Leid

Es ist also nicht egal, in welchem von den vielen Zwillingskörpern man existiert.

Das heißt, es gibt einen Unterschied, wenn

(A) die Natur sechs Zwillinge von Ihnen schafft und Sie haben den Leib des 1. Zwillings,

oder

(B) die Natur die gleichen sechs Zwillinge von Ihnen schafft und Sie haben den Leib des 4. Zwillings; dies nur als Beispiel.

Also, die Natur schafft beidemale das Gleiche, zweimal sechs Kör- per, die alle gleich sind, und doch ist es nicht das Gleiche.

Beim einen sind Sie der 1. Zwilling, beim anderen sind Sie der 4. Zwilling. Das heißt, da biologisch beides gleich ist, muß in Ihnen etwas sein, das Sie ausmacht. Dadurch gucken Sie beim einen aus den Augen des 1. Zwillings und beim anderen aus den Augen des 4. Zwillings.

Band 2:
Warum es letztendlich Kriege gibt und Leid

Dieses Etwas muß unabhängig vom Leib sein, denn alle Körper sind biologisch gleich; dieses Etwas ist also jenseits der Natur, bzw. Naturgesetze, also übernatürlich. Dieses Etwas nennen wir Seele.

Damit habe ich die Existenz der Seele bewiesen.

(2) Nachweis Gottes

Nun zur Existenz Gottes:

Wer bestimmt eigentlich, daß jede Seele nur einen Leib haben darf zu jedem Zeitpunkt?

Theoretisch könnte doch eine Seele über zwei oder mehr Körper verfügen. Aber das geschieht nicht. Das heißt, es gibt hier eine höhere Ordnung.

Wer oder was bestimmt aber, daß jede Seele immer nur einen Leib haben darf? Auf jeden Fall muß das Bestimmende ebenfalls jenseits der Natur sein, also übernatürlich. Denn es entscheidet über etwas Jenseitiges der Natur. Über die Seele. Und das Bestimmende nennen wir Gott.

So habe ich die Existenz Gottes nachgewiesen.

Band 2:
Warum es letztendlich Kriege gibt und Leid

(3)   Nachweis eines Gottes

Wie beweise ich, daß es nur einen höchsten Gott geben kann?

Gott sorgte für alles, was der Mensch von Anbeginn seines Daseins benötigte auf diesem Planeten; von allen Möglichkeiten seines Nahrungserwerbes, von Früchten des Waldes über Ackerbau und Viehzucht und Brotherstellung bis hin zu allen Erfindungen des Menschen, die sein Dasein erleichtern und ermöglichen. Er ermöglichte auch alle gewerbliche Tätigkeiten, durch die die Existenz von Milliarden Menschen auf der Erde ermöglicht werden. Gott schuf für nahezu alle Krankheiten des Menschen wirksame Heilmittel. Auch in der Natur stellte Gott die Ordnung her, in der der Mensch auf der Erde leben kann.

Es gibt keine Erfindung und keine Logik, für dessen Wahrheit Gott nicht gesorgt hat. Diese Ordnung des Menschen auf dem Planeten Erde wird auch ermöglicht durch die Ordnungen, in denen Pflanzen, Tiere bis hin zu den kleinsten Lebewesen stehen, die sich alle ebenfalls in ihrer Existenz bedingen. Und alles Leben ist wiederum abhängig von der Gültigkeit aller biologischen, chemischen und

Band 2:
Warum es letztendlich Kriege gibt und Leid

physikalischen Naturgesetze, für die Gott sorgte, ohne die diese Schöpfung nicht möglich wäre.

Nehmen wir an, es gäbe zwei oder mehrere Götter, die alle gleich kompetent wären (das heißt, gleiche Macht hätten). Dann hätte es irgendwann einen Unterschied in einer Entscheidung gegeben, also auch Unordnung bei Gott und damit Unordnung in der Schöpfung durch Gott. Dies aber widerspräche der obigen Erkenntnis von der Ordnung alles Erschaffenen, vom Menschen bis zum kleinsten Lebewesen und der verläßlichen Ordnung aller Naturgesetze und aller berechenbarer Logik von Erfindungen zu allen Zeiten.

Also kann die obige Annahme von zwei oder gar mehreren gleich mächtigen Göttern nicht wahr sein.
Das heißt, es kann nur einen höchsten Gott geben!

Also kann es nur aus Ordnung bei Gott eine Ordnung der Naturgesetze und damit eine Ordnung der Schöpfung geben. Da das gegeben ist, kann es nur einen höchsten Gott geben, dem alle anderen möglichen jenseitigen Wesen gehorchen und untergeordnet sind. Dies durch die Erkenntnis der höchsten Ordnung unseres Schöpfer-Gottes.

Band 2:
Warum es letztendlich Kriege gibt und Leid

Das heißt, der höchste Gott muß in sich eins sein!

(4) Nachweis eines Schöpfer-Gottes

Warum kann es nur einen Schöpfer-Gott geben?

Die Ganzheitlichkeit aller oben (im Beweis vom einen höchsten Gott) genannten schöpferischen Ordnungen schließt aber auch die Existenz weiterer möglicher Götter aus. Um es zu verdeutlichen: Ich spreche hier von der gleichzeitigen Existenz und dem Ineinandergehen von Mensch, Tier, Pflanzen, aller Naturgesetze und aller Logik von Erfindungen, was nur einen Schöpfer-Geist, also Schöpfer-Gott zuläßt.

Da alle Pflanzen, Tiere und Menschen ohne die Naturgesetze nicht existieren können und alle Naturgesetze sich auf der Erde und im Universum nicht widersprechen, also eine Einheit bilden in ihrer Gültigkeit, die unsere Realität ausmacht, kann es nur einen Schöpfer-Geist aller Naturgesetze geben, aus denen alle Lebewesen entstanden sind.

Selbst ohne den Sauerstoff der Pflanzen und Bäume, ohne das Wasser, das ebenfalls durch Kleinorganismen gereinigt wurde, wovon wiederum die Pflanzen und Bäume

Band 2:
Warum es letztendlich Kriege gibt und Leid

leben, und ohne das Licht der Sonne, mit dem die Erde erwärmt und mit dem die Pflanzen und Bäume den Sauerstoff produzieren konnten, wäre die Existenz des Menschen und fast aller Tiere nicht möglich gewesen.

Das sind nur einige Beispiele, wie nur die Einheit der Schöpfung sie zu dem macht, wie wir sie vorfinden. Diese Schöpfung wäre nicht denkbar ohne ihre Einheit.

Alle Naturwissenschaftler gehen davon aus, daß alle Naturgesetze im ganzen Universum zu allen Zeiten gelten. Das heißt, es gibt keinen Ort und keine Zeit im Universum, in dem nicht alle Naturgesetze Gültigkeit haben.

Daher und wegen der Einheit der Schöpfung kann es nur einen Schöpfer-Geist, also Schöpfer-Gott geben!

(5) Mein päpstliches Schreiben

Das sind sie nun, meine Nachweise Gottes und der Seele, verfaßt von mir, Manfred Heymann. Mit Sicherheit wird der eine oder andere ein voreiliges Urteil fällen, ohne dabei die wahre Botschaft erkannt zu haben. Wer aber den Geist des Denkens besitzt und auch zwischen den Zeilen lesen kann, wird vielleicht erkennen, welch wichtige Erkenntnis wirklich dahinter steckt.

Band 2:
Warum es letztendlich Kriege gibt und Leid

Diese meine Gottes-Nachweise sendete ich auch an Papst
Johannes Paul II. und erhielt mein 4. päpstliches Schreiben
(siehe Abbildungen auf den beiden folgenden Seiten).

Band 2:
Warum es letztendlich Kriege gibt und Leid

STAATSSEKRETARIAT

ERSTE SEKTION
ALLGEMEINE ANGELEGENHEITEN

Aus dem Vatikan, am 5. Juni 2001

Sehr geehrter Herr Heymann!

Gerne bestätige ich Ihnen den Empfang Ihres werten Schreibens vom 28. Mai des Jahres, das Sie an den Heiligen Vater gerichtet haben.

Zugleich darf ich Ihnen mitteilen, daß Papst Johannes Paul für dieses erneute Zeichen treuer Verbundenheit mit dem obersten Hirten der Kirche und für die aufmerksamen Gaben aufrichtig dankt.

Band 2:
Warum es letztendlich Kriege gibt und Leid

Seine Heiligkeit schließt alle Ihre Anliegen und Hoffnungen in sein eigenes Beten ein und erbittet Ihnen sowie allen, die Ihnen nahestehen, für den weiteren Lebens- und Glaubensweg den Beistand Gottes und die Freude des Heiligen Geistes.

Mit besten Wünschen

Mons. Pedro López Quintana, Assessor

Anlage

Herrn
Manfred Heymann
Wilhelmstr. 44

D-42553 Velbert

Mensch und Tier

Der Mensch unterscheidet sich von allen Tieren und von allen Affen unter anderem durch seine Gott-begreifende Einsicht!

Das war meine Einsicht. Allerdings wurde inzwischen in der Öffentlichkeit gefragt, ob Kühe an Gott glauben können. „Ich sage dazu: Wenn bei Affen, mit denen wir den allergrößten Anteil der genetischen Erbanlagen gemeinsam haben, bereits <u>kein</u> einziges Verhalten auf eine Gottes-Erkenntnis hinweist (ich spreche hier nicht von ihrer Fähigkeit, zu trauern), wie sollten dann Kühe an Gott glauben können?! Das scheint mir weit hergeholt!"

Manfred Heymann

Es ist gut möglich, daß der Heilige Geist weitere Gott-begreifende Wesen im Universum geschaffen hat, wobei nicht auszuschließen ist, daß Er (der Heilige Geist) sie <u>auch</u> mit allen Gesetzen der Naturwissenschaften geschaffen hat, was Biologen bisher <u>nur einseitig</u>, ohne Gott, allein auf ihre Lehre bezogen, vertraten, im Hinblick auf die Erde! Und die Naturgesetze sind ja, wie gesagt, Gottes Gesetze!"

Manfred Heymann

Ich behaupte: Grausamkeiten in der Natur kommen von Seiner Konkurrenz! Daß Tiere sich gegenseitig fressen

Band 2:
*Warum es letztendlich Kriege gibt und **Leid***

und dadurch die natürliche gnadenlose Auslese schaffen, ist von der Konkurrenz Gottes verursacht. In der Bibel ist unter Matthäus 13, 24-30 das Gleichnis vom verdorbenen Acker zu lesen: *„Er legte ihnen ein anderes Gleichnis vor und sprach: Das Himmelreich ist gleich einem Menschen, der guten Samen auf seinen Acker säte. Da aber die Leute schliefen, kam sein Feind und säte Unkraut zwischen den Weizen und ging davon. Da nun das Kraut wuchs und Frucht brachte, da fand sich auch das Unkraut. Da traten die Knechte zu dem Hausvater und sprachen: Herr, hast du nicht guten Samen auf deinen Acker gesät? Woher hat er denn das Unkraut? Er sprach zu ihnen: Das hat der Feind getan. Da sagten die Knechte: Willst du, daß wir hingehen und es ausjäten? Er sprach: Nein! auf daß ihr nicht zugleich den Weizen mit ausraufet, so ihr das Unkraut ausjätet. Lasset beides miteinander wachsen bis zur Ernte; und um der Ernte Zeit will ich zu den Schnittern sagen: Sammelt zuvor das Unkraut und bindet es in Bündlein, daß man es verbrenne; aber den Weizen sammelt mir in meine Scheuer."* Denn Gott hatte den guten Samen gesät und *"... Gott sah alles an, was er gemacht hatte; und siehe da, es war sehr gut. ..."* (Genesis, Moses 1, 31).
Wie kann man sich das dann aber ursprünglich vorstellen? Danach kann ich annehmen, daß nach Gottes Plan sich alle Tiere anfänglich nicht gegenseitig fraßen, sondern sich alle von Früchten des Waldes und von Gewächsen der

Band 2:
*Warum es letztendlich Kriege gibt und **Leid***

ganzen Natur ernährten. Es heißt auch, daß Löwen Gras fressen werden im Paradies.

Zurück zu den Gott-begreifenden Wesen im Universum (nach meiner Einsicht): Wenn dem so sein sollte, dann kann es dennoch sein, daß sich etliche von diesen außerirdischen Gott-begreifenden Wesen uns überlegen fühlen und uns wie Haustiere ansehen und ebenso behandeln könnten bei einer eventuellen Begegnung mit ihnen.

Band 2:
*Warum es letztendlich Kriege gibt und **Leid***

Mit freundlicher Genehmigung von Ulrich Heymann.

Band 2:
*Warum es letztendlich Kriege gibt und **Leid***

Manfred Heymann: Wahre Weisheiten

Band 2:
*Warum es letztendlich Kriege gibt und **Leid***

Warum es letztendlich Kriege gibt auf dieser Welt und wie sie verhindert werden können

Dieser "Vortrag" war damals als Internet-Eintragung geplant. Das gelang mir aber nicht. Beim Lesen der folgenden Seiten werden Sie anhand der Botschaften von Jesus und Maria wohl erahnen, daß diese Seiten für Gott und für den Himmel wichtig sind. Die hier folgenden Weisheiten habe ich um das Jahr 2003 verfaßt, aber sie haben an Aktualität kaum eingebüßt und besitzen bleibende Einsichten für die Menschheit.

(1)   Ich möchte Euch helfen, zu verstehen

Wenn auf der Erde etwas Schreckliches geschieht, also Verbrechen, dann leidet Gott sehr darunter, denn Gott hat ein großes Herz!
Wirkt aber ein Mensch wie Mutter Theresa auf der Erde oder wird ein Sünder bekehrt, wie Jesus im Neuen Testament berichtet, dann freut sich der Himmel!
Das Herz Gottes ist <u>so</u> groß, daß jede gute Tat und jedes Gebet aus dem Herzen eines Menschen das Herz Gottes

Band 2:
Warum es letztendlich Kriege gibt und Leid

rührt!

Wenn ABER das Herz Gottes von ZUVIEL Bitterkeit durch Verbrechen der Menschheit gekränkt wird, dann zieht sich Gott schmerzerfüllt von der Erde zurück, wie ein Gast, der im Hause der Menschen nicht mehr gewollt ist und weil die Menschen zu sehr das Böse anstreben im Haus der Erde! Jesus spricht davon, daß der Kelch des Schmerzes überläuft.

Doch Gott sagte immer wieder: „Geh nicht, bleibe!" Wer aber blieb? Wer? Man sah es ja. Die Kirchen wurden immer leerer und die Kirchenaustritte nahmen gewaltige Zahlen an. Und das geht jetzt schon über viele Jahre. So zieht sich Gott schmerzerfüllt und ziemlich verlassen aus dem Hause der Menschen zurück. Aber was geschieht dann?

Das Böse, dem der Homo sapiens so sehr nachstrebt, kann sich im Hause der Menschen, also auf der Erde, austoben. Die Auswüchse des Bösen erstrecken sich im Großen durch Verbrechen und im Kleinen durch Genußsucht. Ich–Bezogenheit, Materialismus und weitere schreckliche Dinge entstehen - und Kriege.

Entsetzt rufen die Menschen zu Gott und klagen, und manche klagen sogar Gott dafür an. Wieviele fühlen sich in solchen Momenten bestätigt in ihrer Meinung, es gebe keinen Gott?

Band 2:
Warum es letztendlich Kriege gibt und Leid

W a n n   b e g r e i f e n   d i e   M e n s c h e n   e n d -
l i c h ? Alles Geschehen auf der Erde, im Guten wie im
Schlechten, hat immer, wirklich immer, seine Parallele im
Jenseits, mit gleicher Intensität zum Guten wie zum
Schlechten.

Es gibt das Wort: „Der Himmel leidet Gewalt!" Und wer
leidet da im Jenseits? Gott, das Herz des Schöpfers des
Universums! Welche Vermessenheit des vergänglichen
Menschen, dem Gott ewiges Leben anbot?

Nun gibt es bei diesem Hintergrund seit langer Zeit eine
elementare Problemantik zwischen der Erde und dem
Jenseits, also Gott, die zu Kriegen führt. Solange diese
Kreuzigung Gottes nicht erkannt und dem abgeholfen
wird, kann es keinen Frieden auf der Erde geben!

Diese elementare Problematik möchte ich Euch jetzt erklären! Sie handelt von Abtreibungen und damit von aller
Präimplantationsdiagnostik als reines Motiv zur Abtreibung und Legitimation davon. Mit anderen Worten heißt
das, die Abtreibung juristisch zu erlauben und damit auch
sämtliche Gentechnik am menschlichen Embryo. Doch
wie sollte Gentechnik am menschlichen Embryo jemals
ohne Fehler sein? Fehler hingegen bedeutet Abtreibung.
Auch das Austauschen des Zellkerns mit einem anderen
Zellkern ist definitiv die Auslöschung einer menschlichen
Persönlichkeit.

Band 2:
Warum es letztendlich Kriege gibt und Leid

Wer hier nicht zustimmen sollte, der wird es spätestens dann bejahen, wenn er oder sie hören würde, bei ihm oder ihr wäre es beinahe gemacht worden. Wer von denen würde dann nicht sagen: „ICH WÄRE BEINAHE AUS-GELÖSCHT WORDEN!"

(2) Das Wichtigste kommt jetzt für die Menschheit

Am 05. 09. 1999 sagte die Muttergottes Maria, also Mutter Jesu, in Marpingen in Deutschland, daß das Töten dieser Kleinsten zum Himmel schreit und wörtlich: *„Es ist etwas, was Gott sehr viel Schmerz bereitet, was das Herz Gottes mit vielen Wunden übersät. Das Herz Jesu blutet. Es blutet aus Schmerz über dieses Tun."* Bei den vielen Millionen Abtreibungen jährlich weltweit muß man die Präimplantationsdiagnostik und jegliche Untersuchung an Embryonen als Formen der Auslese, also Abtreibung, ebenso in diesem Sinne betrachten.

Weiter sagte die Muttergottes Maria, also Mutter Jesu, am 05. 09. 1999 zur Abtreibung: *„Ich weiß nicht, wie lange die Barmherzigkeit Gottes und die Liebe Gottes noch warten, bevor das Strafgericht auf euch herabrieselt. Gott kann dieses Tun nicht anders als bestrafen, wenn ihr nicht*

Band 2:
Warum es letztendlich Kriege gibt und Leid

aufhört, diese Sünde vor Gott zu tun."

Es gibt ein Buch , das alle Gespräche zwischen Jesus und einer Begnadeten vom Jahr 1965 bis 1975 festgehalten hat! Es heißt ´Botschaft der Barmherzigen Liebe an die Kleinen Seelen`. Papst Johannes Paul II verbreitete das Buch bereits, als er noch Erzbischof von Krakau war. Das Buch ist in vielen Sprachen übersetzt. Daraus lese ich nun Auszüge vor:

Auf Seite 542 stehen folgende Worte von Jesus: *„Gegenwärtig wird mein Herz tief gekränkt durch die Massenmorde der unschuldigen Opfer einer ruchlosen Gesellschaft, deren erste Pflicht es wäre, das Leben zu beschützen, das vom Augenblick der Empfängnis an heilig ist; diese Gesellschaft lädt das schrecklichste aller Verbrechen auf sich, indem sie - scheinbar ungestraft - dem Zorn ihres Gottes trotzt. Diese geopferten Kinderseelen schreien um Rache zum Himmel. Die Trägheit vieler Christen angesichts dieser unerhörten Greuel ist für Mich ein zweiter Todeskampf ."*

Bevor ich Jesus weiter zitiere, möchte ich folgendes anmerken, Euch zum Trost: Wer aus tiefstem Herzen bereut, der findet wohl immer Barmherzigkeit bei Gott, auch bei Abtreibung, wenn es danach NIE mehr geschieht. Das ist ganz wichtig, denn es ist das gewaltige Herz Gottes, das über ALLES entscheidet.

Band 2:
Warum es letztendlich Kriege gibt und Leid

Auf Seite 507 vom selben Buch stehen die Worte von Jesus vom 18. Juli 1973: *„Wahrlich, Ich sage dir: Für ein unschuldiges Leben, das durch das ungeheuerlichste der Vergehen bereits bei seiner Empfängnis niedergemäht wird, werden hundert schuldbeladene Leben ((in der Abtreibung offenbar schuldbeladen)) eine Ewigkeit lang für dieses Verbrechen büßen."* Anmerkung von mir: Wenn die Menschheit das nicht hören möchte, dann wird sie es fühlen müssen!

Jesus sagt weiter an dieser Stelle: *„Im Namen der Gerechtigkeit und des Rechts, auf das sie sich berufen, morden sie straflos das Werk des Schöpfers in seinem Geschöpf, das winzige Kind im Schoß seiner Mutter, die selbst schuldig ist durch ihre Einwilligung in die grauenhafteste Freveltat."*

Wer es selbst nachlesen möchte, erhält das Buch bei:

> Katholisches Schriften – Apostolat
> Postfach 1247
> D–88416 Ochsenhausen

Noch läßt Gott uns Zeit, die Welt und Uns zu bessern. Nur wer nicht blind in die Zukunft dieses Jahrtausends gehen will, der möge bitte bedenken: Wenn es irgendwann zu einem Dritten Weltkrieg kommen sollte, wie Nostrada-

Band 2:
Warum es letztendlich Kriege gibt und Leid

mus* vorhergesagt hat, dann wegen der vielen Millionen und aber Millionen Abtreibungen jeglicher Art weltweit. Denn wer könnte meinen, daß es der Menschheit bei einem so leidenden Gott lange gut geht? (* Buch 'Nostradamus` von Bernhard Bouvier, erschienen im Ewertverlag)

Meine Erkenntnis auch an dieser Stelle: Man kann nur verhindern, was man sieht! Wer warnt vor dieser Gefahr? Nur wenige, darunter auch meine Wenigkeit.

Zu Einwänden bei Abtreibung und bei Gentechnik kann ich nur allen raten: Hütet Euch davor, Grenzen und Mauern des Lebens einzureißen, denn die Sündenfluten, die diese Grenzen und Mauern zurückhalten und zurückhielten, haben mörderisches Katastrophenpotential. Man kann es nicht anders sagen. Und welche Schuld trifft den, der die Grenzen und Mauern des Lebens einreißt? Wenn die Menschheit WIRKLICH Frieden will, dann muß man mit dem Finger auf die Wunde Gottes zeigen, sonst wird die Welt keinen Frieden finden.

(3)   Hier eine weitere Botschaft Jesu

An dieser Stelle möchte ich ein Erlebnis schildern. Diese Botschaft hier habe <u>NICHT</u> ich persönlich erhalten, son-

---

Band 2:
Warum es letztendlich Kriege gibt und Leid

---

dern sie fand ich vor etlichen Jahren als Schriftstück in einer katholischen Kirche und sie ist leider ohne Quellenangabe! Diese eine Botschaft erstreckt sich von dieser Seite 38 über Seite 39 bis hin zur Seite 40 („Auf Wiedersehen, liebe Mutter!") und handelt GANZ von dieser „erwählten Mutter" auf Seite 39, die zugleich die Empfängerin dieser ganzen Botschaft von Jesus ist!

Ich sitze in der Straßenbahn am Fenster und bete den Rosenkranz. Auf einmal leuchtet es hell auf. Ich erschrekke, denn Jesus ist mir zur Seite und sagt: „Schau, die Mördergrube!"

Ich schaue nach rechts und nach links und sage: „Herr, rechts ist nur Land. Meinst Du etwa dieses hier, wo auf dem belichteten Kreuz ´Frauenklinik` steht?"

Jesus sagt: „Die meine Ich. Von denen gibt es noch mehr und werden noch mehr entstehen. Bete für die Ärzte und alle Beteiligten, besonders für die Mütter, die die Kinder töten und töten lassen, noch ehe sie zum Leben geboren werden! In der Nacht werde Ich dir noch mehr darüber sagen."

In der Nacht zeigt mir der Herr ein grausiges Bild. Ich sehe die Erde bedeckt mit den kleinsten Kinderleichen. Es ist so furchtbar, daß ich in meiner Aufzeichnung schreibe: „Ich sehe den Kindermord von Bethlehem, tausend und millionenfach vergrößert!"

Band 2:
Warum es letztendlich Kriege gibt und Leid

Ich weinte, als ich dieses grauenhafte Bild sah. Der Herr aber sprach: „Der unreine Geist hat an allen Türen angeklopft. Die meisten sind ihm geöffnet worden. Wehe denen, die auf ihn hören! Über Nacht werden sie samt ihren Häusern im Pfuhl ihrer Sünden versinken! Man steht an den Gräbern und weint über das einzige Kind, das Gott ihnen nahm, das sein Eigentum ist! Aber über die anderen, die man grausam dahinmordet, weint man nicht! Vielmehr rückt die Zeit heran, da man glaubt, Gott und den Menschen einen Gefallen zu tun, wenn man diese Kleinen dahinmordet. Gesegnet ist jedes Haus, in dem ein Sühneopfer wohnt!"

Dann sehe ich am Firmament unzählige Kinderköpfe. Ich sage: „Herr, das sind doch keine Engelsköpfe!"

Der Herr antwortet: „Das sind sie, diese Kleinen, denen das Leben genommen wurde! Sie werden die Ankläger im Gericht sein! Bete für ihre Mörder, daß ihnen noch Gnade zuteil werde!"

Die erwählte Mutter fügte als ein Beispiel für die große Liebe Gottes zum Menschen und seiner unsterblichen Seele der obigen Aufzeichnung noch ein weiteres Erlebnis an. Sie schrieb: Ich selbst habe auch einmal eine Totgeburt von 6 Monaten gehabt. Da mir von der Ärztin gesagt wurde, daß das Kind doch zu früh käme, habe ich es getauft, bevor es starb, und zwar an der Stelle, wo das

Band 2:
Warum es letztendlich Kriege gibt und Leid

Köpfchen lag. Ich sagte: „Du guter Gott, Du wirst das Taufwasser wohl durch die Bauchdecke über das Haupt des Kindes gehen lassen." Die Bestätigung erhielt ich ungefähr ein Jahr später nach zwei schweren Operationen, als ich eben aus der Narkose erwachte. Da steht so ein kleines, schönes Kind an meinem Bett. Ich fragte: „Wer bist du, kleiner Engel?" Ich hörte: „Ich bin dein kleiner Werner! Du hast mir ja durch die Taufe den Himmel geöffnet. Ich habe für dich gebetet, daß du wieder gesund wirst. Dir zur Freude und zur Bestätigung der Wahrheit durfte ich erscheinen! Auf Wiedersehen, liebe Mutter!"

Es gibt aber noch eine weitere elementare Problematik, weshalb Kriege und finstere Zeiten aufkommen können auf der Erde. Zum besseren Verständnis dieser elementaren Problematik greife ich zunächst weiter zurück. Im Buch ´Botschaft der Barmherzigen Liebe an die Kleinen Seelen` sagt Jesus zur Begnadeten über die Menschen: *„Weil sie sich weigern, Mich mit der ganzen Ehrfurcht, die sie mir schulden, entgegenzukommen, bin Ich machtlos, ihnen zu Hilfe zu eilen!"*

Auf Seite 406 im gleichen Buch sagt Jesus am 10. Dezember 1968: *„Seit Jahrhunderten trinke Ich aus dem Kelch des Schmerzes. Und der nach meinem Ebenbild erschaffene Mensch hört das Stöhnen der gemarterten Liebe nicht. Wie groß ist doch diese Verständnislosigkeit der mensch-*

Band 2:
Warum es letztendlich Kriege gibt und Leid

*lichen Natur, die das Geschenk Gottes hochmütig zurück-
weist! Selbst mit den Jahren werden sie nicht weiser. Doch
wie sehr sich eine Seele (also ein Mensch, Anm. d. Verf.)
auch verirrt haben mag, sie soll wissen, daß Ich ihr nicht
die rettende Hilfe meiner Arme verweigern werde, wenn
sie sich Mir zuwendet."*

Auf Seite 205 sagt Jesus: *„Auf dieser Erde sammelt ihr
nur, was für die Ewigkeit Staub ist."*

Auf Seite 138 steht: *„Das Leben vergeht so schnell, und
die Ewigkeit ist da. Betrachtet öfter diese Wahrheit! Ich
allein gebe das wahre Glück."*

Auf Seite 189 sagt Jesus: *„Ich werde erneut leiden. Denn
kannst du dir einen Vater vorstellen, der durch die Umstände (die Sünden der Menschen und ihre Gottlosigkeit,
Anm. d. Verf.) gezwungen ist, seine unwürdigen Kinder zu
verstoßen? Und was kann Ich anderes tun? Weine, mein
Kind, weine über die Sünden der Welt! Sieh, wozu sie
einen Gott zwingen, der vor allem Vater ist!"*

In einer solchen Botschaft sagte Jesus: *„Würden Mich alle
Menschen nach jeder Sünde um Verzeihung bitten, Ich
könnte aus dieser Welt ein Paradies machen!"*

Das heißt, wenn keine einzige Seele mehr für den Himmel
ewig verloren ginge, dann gäbe es keinen Grund für Gott,
aus dieser Welt nicht ein Paradies zu machen, für alle
Menschen! Aber bei jeder Seele, die ewig verloren geht,

*Band 2:
Warum es letztendlich Kriege gibt und Leid*

leidet Gott entsetzlich! Und wie sollte Gott den Menschen ein gutes Leben geben, wenn ER selbst unermeßlich leidet? Viele Seelen, die sonst ewig verloren gingen, werden durch ihr Leid oder durch das Leid anderer im Leben noch gerettet für den Himmel. Wie durch alle guten Werke auf der Erde. Leid rettet Seelen, also Menschen, für den Himmel! Denken Sie nur an das Sühneleiden Jesu Christi am Kreuz, das Er aus Liebe zu allen Menschen und für Alle Menschen auf sich genommen hat!

So kann man sagen: Je mehr Menschen, also Seelen, ewig verloren gehen, desto mehr Leid gibt es auf der Welt. Im Ersten Weltkrieg, am 19. August 1917 sagte die Muttergottes Maria, die Mutter Jesu, in Fatima, Portugal zu den „Seherkindern": *„Betet, betet viel und bringt Opfer für die Sünder, denn viele Seelen kommen in die Hölle, weil sich niemand für sie opfert und für sie betet."* (aus dem Heft: „Mein Name ist Jacinta" von „Deutsche Vereinigung für eine Christliche Kultur" (unter Christen) (DVCK) e.V. auf Seite 36 und 37. Genaue Daten dieses Heftes weiter unten.) [„(unter Christen)", damit Keiner mir hier vorwerfen kann, ich würde Moslems damit zum Christentum bekehren wollen, was absolut falsch ist!]

Nachdem die Muttergottes Maria am 13. Juli 1917 in Fatima den drei Seherkindern die Hölle gezeigt hatte, sagte sie (auf Seite 28 im Heft: „Mein Name ist Jacinta"):

Band 2:
Warum es letztendlich Kriege gibt und Leid

„Ihr habt die Hölle gesehen, wohin die Seelen der armen Sünder kommen.

Um sie zu retten, will Gott die Andacht zu meinem Unbefleckten Herzen in der Welt begründen. Wenn man tut, was ich euch sage, werden viele gerettet werden, und es wird Friede sein.

Der Krieg geht seinem Ende entgegen; wenn man aber nicht aufhört, Gott zu beleidigen, wird unter dem Pontifikat von Pius XI. ein anderer, noch schlimmerer Krieg beginnen!"

([Genauer] Titel: „Mein Name ist Jacinta" von „Deutsche Vereinigung für eine Christliche Kultur (DVCK) e.V.", ISBN: 3-9805070-7-6, 1. deutsche Ausgabe 1998.
Bestelladresse:
DVCK e.V.
Emil-von-Behring-Str. 43
60439 Frankfurt am Main)

Damit kündigte die Muttergottes Maria, die Mutter Jesu, den Zweiten Weltkrieg an, falls sich die Menschen nicht bessern!
So kann man sagen: Den Ersten und den Zweiten Weltkrieg gab es letztendlich und vor allem deswegen, weil zu viele Menschen in die Hölle kamen. Dabei ruft Jesus die

Band 2:
Warum es letztendlich Kriege gibt und Leid

Menschen seit 2000 Jahren dazu auf, Leid zu lindern, denn Barmherzigkeit ist Gott wohlgefällig, und da Jesus im Geringsten der Menschen leidet, müßte Barmherzigkeit noch mehr Seelen retten können als Leid.

So sagt Jesus im Buch ´Botschaft der Barmherzigen Liebe an die Kleinen Seelen` auf Seite 377: *"Es genügt zu lieben. Man muß lieben. Die Liebe wird die Welt retten."*

Darauf wies Jesus bereits im Neuen Testament hin, als Er sagte: *„Geht hin und lernt, was das heißt: >Barmherzigkeit will ich und nicht Opfer<; denn ich bin nicht gekommen, Gerechte zu rufen, sondern Sünder."* *[Mathäus 9, 13]*

Jesus sagte am 30. Mai 1973 in diesem Buch auf Seite 500: *"Diese Welt ist noch nie so weit von Gott entfernt und noch nie so nahe Seiner Barmherzigkeit gewesen!"*

Hier einige Begründungen von mir zur Frage, warum die Gefahr, daß zu viele Seelen ewig verloren gehen könnten, unweigerlich zu Krieg und zu Katastrophen führen muß:

+ Gott kann nicht tatenlos zusehen, wie seine Menschen ewig verlorengehen, ohne alles zu versuchen, sie zu retten.

+ Durch das Leid auf der Erde werden viele Seelen gerettet, wie man am Kreuzestod von Jesus erkennen kann. Und um möglichst viele Seelen durch Leid zu retten für den Himmel, muß Gott dulden,

Band 2:
Warum es letztendlich Kriege gibt und Leid

daß das Böse auf der Erde Krieg führen kann.

+ Gott hat in Jesus den Armen die Frohe Botschaft gegeben, also die Hoffnung auf den Himmel. Und ließe Gott es den Menschen bei all ihrer Gottlosigkeit gut ergehen, dann hätte Gott nichts, um diese Menschen zu Sich zu ziehen. Also lassen die Menschen Gott keine andere Wahl. Indem Gott Kriege und Katastrophen durch das Böse duldet auf der Erde, werden viele Menschen zu Armen und damit würdig auf das Verdienst des Himmelreichs.

+ Wenn die Menschen sich nicht durch die Liebe Gottes zum Guten, d.h. zu Ihm, bewegen lassen, dann bleibt dem armen barmherzigen Gott keine andere Wahl, als zu versuchen, die Menschen durch Leid (z.B. Kriege, dunkle Zeiten und Katastrophen durch das Böse) zur Besinnung zu bringen, auch wenn es Ihn entsetzlich schmerzt. Gott will uns zu Sich zurückbringen, indem er uns durch Kriege folgendes lehren will:

1. Er zeigt uns, wie schrecklich und schlimm im Grunde das Böse ist, das die Menschen anstreben und dadurch die Hölle auf Erden erleben müssen, um sie im Jenseits zu meiden.

Band 2:
Warum es letztendlich Kriege gibt und Leid

2. Durch Kriege führt Er uns drastisch den Tod vor Augen und weist damit unweigerlich auf die Ewigkeit hin, wo Gott wohnt, denn freiwillig denken die gottlosen Menschen nicht an die Ewigkeit, vor allem nicht, solange ihr Leben noch normal verläuft. Gott kann diese Menschen nicht bedenkenlos in ihr Verderben gehen lassen.

Alle diese aufgeführten Begründungen werde ich durch einige Zitate von Jesus am Ende dieses Kapitels untermauern.

Ein Jeder frage sich selbst, inwieweit die folgenden Einflüsse und Meinungen zu dieser jenseitigen Katastrophe, d.h. der Verdammung zu vieler Seelen, beigetragen haben kann:

+ Der aufkommende Einfluß der Wissenschaften und der Technik seit dem 19. Jahrhundert (Fortschrittsbegeisterung), sichtbar zum Beispiel bei der Titanic und bei der Luftfahrt.

+ Der Meinung, daß die Lehren Jesu überholt seien, und daß es keine Hölle gäbe.

+ Die Meinung, daß man mit der Lehre Jesu nur Angst machen wolle.

+ Die Meinung, daß die Lehre Jesu von Vielen nur noch als sogenanntes ´Druckmittel` der Kirchen angesehen wird.

Band 2:
Warum es letztendlich Kriege gibt und Leid

Glaubenswahrheiten, für die Gott selbst stets eintrat, haben unter diesen Vorsätzen stets gelitten.

Doch was konnte Gott anderes tun als die Muttergottes Maria, also Mutter Jesu, am 24. Februar 1858 zur Heiligen Bernadette nach Lourdes in Südfrankreich und in weiser Vorraussicht auch nach Fatima in Portugal zu senden, um die Menschen zu warnen? Die Heilige Bernadette war bekannt durch ihr Motto „*Übt Buße und betet für die Bekehrung der Sünder*".

Und heute, haben wir immer noch den Fortschrittsglauben? Folgendes liegt mir ganz besonders am Herzen, was ich gerne als Information allen mitteilen möchte: Christen haben eine große Macht! Wer weiß das schon? Wenn ein Christ zu Jesus betet: „Lieber Jesus, laß diesen Menschen da nicht verlorengehen!", dann wird dieser Mensch allein schon durch dieses Gebet für den Himmel gerettet, wenn derjenige nicht bereits schwer gegen Gott oder gegen die Menschen gesündigt hat.

Wie viele werden gerettet für den Himmel, weil einer da war, der für sie gebetet hat? Und wie viele werden noch gerettet für den Himmel wegen vielleicht nur einer guten Tat im Leben? Wer das alles nicht glauben möchte, der kann das im Buch ´Meine Erlebnisse mit Armen Seelen` von Maria Simma, erschienen im Verlag Christiana, nachlesen!

Band 2:
Warum es letztendlich Kriege gibt und Leid

Wer als Christ viele Seelen retten möchte für den Himmel, der kann das mit Hilfe der Botschaft von Jesus an die Ordensschwester Consolata Betrone im Buch ´Jesus spricht zur Welt`, erschienen im Parvis Verlag, nachlesen. Der moderne Mensch verleugnete seit dem Abfall vom Glauben lange Zeit die finstere Seite des Jenseits, vor allem beeinflußt durch die Naturwissenschaften. Doch wie sehr folgen heute in Militärtechnik und in Gentechnik an Embryonen gerade die Naturwissenschaften dem Ruf des Bösen? Wenn der Mensch es nur wollte, dann hätte das Böse keine Macht über diese Welt! Jesus sagte: *„Würden alle Menschen mich nach jeder Sünde um Verzeihung bitten, ich könnte aus dieser Welt ein Paradies machen!"* Das las ich vor einigen Jahren in einer aktuellen Botschaft von Jesus und ich erinnere mich noch genau daran. In den letzten 20 Jahren interessierte ich mich für derartige katholische Botschaften von Jesus und Maria aus neuerer Zeit, von Medjugorje in Jugoslawien bis Marpingen.

Alle Sünden der Welt könnten in der Liebe zu Gott getilgt werden, wenn nur hinreichend genug Menschen nicht von der Seite Gottes rücken würden!

Wenn meine Wenigkeit einmal hier für Jesus sprechen darf, so denke ich, daß Jesus allen Menschen aller Zeiten zurufen könnte: „Stand by me, steh mir bei, verlaß mich nicht! Laß mich nicht hängen (am Kreuz)!" Und des

Band 2:
Warum es letztendlich Kriege gibt und Leid

weiteren könnte Er anfügen: „Jeder, der mich in sein Herz läßt und jeder, der dafür sorgt, daß ich in die Herzen der Menschen einziehen kann, der erlöst mich damit ein Stück weit von meinem Leiden und der läßt mich nicht hängen."
„Stand by me!", könnte Jesus hinausrufen.

Ein herzlicher Rat von mir an die ganze Menschheit: Wenn ihr erkennt, daß die Vorreiter dunkler Zeiten um sich greifen, die da sind Angst und Bedrohung und Mißtrauen, dann und nicht nur dann kümmert Euch um die Interessen und die Schmerzen Gottes! Denn wenn die Menschen sich nicht um Gott kümmern, wie sollte da Gott für die Anliegen der Menschen eintreten?

Zur aktuellen Situation in der Welt muß ich etwas ganz wichtiges bekanntgeben. Am 17. Oktober 1973 warnte Jesus die Menschheit mit folgenden Worten: „*Der Mittlere Orient ist ein Gefahrenherd, der die ganze Erde verwüsten kann, wenn die Weisheit ausgeschaltet wird. Mögen die Führer eines jeden Landes diese Warnung verstehen!*"
Dies ist nachzulesen im Buch ´Botschaft der Barmherzigen Liebe an die Kleinen Seelen` auf Seite 512.

Die folgende Reihe von Zitaten von Jesus aus dem gerade erwähnten Buch soll alle aufgeführten Begründungen über Kriege als unausweichliche Folge von Gottlosigkeit zu vieler Menschen auf der Welt untermauern, wobei auch das absolute Unterlassen des Betens eine gleichgültige

Band 2:
Warum es letztendlich Kriege gibt und Leid

Form von Gottlosigkeit darstellt. Doch zunächst noch eine persönliche Anmerkung von mir: Meine Wenigkeit hat absolut nicht die Gabe, mit Menschen so gut umgehen zu können, um als Vorbild zu dienen. Es wäre nicht gut, wenn ein Mensch alles könnte. Folglich stehen Jesus und Maria am Ende um so glänzender da.

Auf Seite 430 des genannten Buches sagte Jesus am 26. Januar 1970: *„Wird das Land der Menschen aus dem Universum ausgelöscht werden? Das Drama spielt sich in den Herzen ab! Stolze Herzen, die vom Ehrgeiz gepeinigt werden. Demütige Herzen, bedrängt von der Angst vor dem Unbekannten, das über der Welt lastet. Gequälte Herzen, liebende und unverstandene Herzen. Nein, meine Tochter, die Liebe scheint nicht mehr von dieser Welt zu sein. Und dennoch bleibt eine Hoffnung: daß der Mensch in Reue und Liebe zu Mir zurückkehrt."*

Auf Seite 456 ist zu lesen: *„In Wahrheit sage Ich dir, mein Kind, die Welt zerstört sich selbst, indem sie die Kräfte des Bösen entfesselt. Wird sie durch ihre Reue gerettet werden?"*

Auf Seite 385: *„Ich sage dir mit Schmerz, daß die Zahl derer, die dem ewigen Feuer anheimfallen, groß sein wird. Ich bin indessen ganz Erbarmen und ganz Verzeihung. Arme, erschütterte Welt, Ich, dein Gott, bedauere dich, und Ich liebe dich noch. Ich will dich retten. Doch du ...*

Band 2:
Warum es letztendlich Kriege gibt und Leid

willst Du es?"

Auf Seite 454: *„So viele Leiden könnten vermieden werden, wenn unter euch solche wären, die unter dem Antrieb meiner Liebe den Seelen das Schauspiel furchtloser Heiligkeit bieten würden! Soviel Verantwortung und soviel Furcht! Soviel Gleichgültigkeit, die Mich verletzt!"*

Auf Seite 514: *„Seht, Ich komme, nicht um euch zu bestrafen, sondern um euch zu Mir zurückzuführen. Die gegenwärtigen Ereignisse lassen die Gedanken einer gierigen, egoistischen und lügenhaften Welt erkennen."*

Auf Seite 516: *„Der rächende Gott ist nur ein unglücklicher Vater, der seine Kinder züchtigt, um sie zu zwingen, daß sie in sich gehen. Glaube indessen, daß Ich diese arme, von der Sünde verdorbene Menschheit noch retten will."*

Auf Seite 494: *„Ein ungeheueres Kreuz lastet auf der Welt, und Ich empfinde es schmerzvoll in meinem mystischen Leib."*

Auf Seite 240: *„Welche Liebe kann für Mich den Untergang so vieler Seelen, den Abfall so vieler anderer aufwiegen?"*

Auf Seite 293: *„Denn ohne Liebe ist die Welt zum Untergang verurteilt."*

Auf Seite 360: *„Die Stimme der Liebe (also Jesus und Maria, Anm. d. Autors) wird von der großen Masse nicht*

Band 2:
Warum es letztendlich Kriege gibt und Leid

beachtet. Die Irrlehre wird zur Katastrophe. "

Kriege sind, wie schon weiter vorne vermerkt, die unausweichliche Folge der Gottlosigkeit von zu vielen Menschen auf der Welt. Hier nun noch ein paar weitere Zitate von Jesus aus dem Buche ´Botschaft der Barmherzigen Liebe an die Kleinen Seelen`.

Wir können auf Seite 437 lesen, daß Jesus sagt: *„Der Stolz des Menschen wird ihn ins Verderben stürzen, denn er liebt nur, was diesen steigert.* "

Auf Seite 212 lesen wir: *„Der Schatten der Zerstörung schwebt über der Welt. Wenn sich die Völker nicht bekehren, müssen sie auf große Katastrophen gefaßt sein - zu Land, zu Wasser und in der Luft.* " Hier möchte ich nur noch anfügen, daß dies durch die Macht des Bösen, dem die Menschen Tür und Tor öffnen in dieser Welt und durch ihre Verbrechen und ihre Vergehen, das sie willentlich anstreben, ausgelöst wird. Denn wenn alle Menschen Frieden wollten, dann hätte das Böse keine Macht in der Welt.

Und weiter heißt es in dem Buch auf Seite 358: *„Eine große Bedrohung lastet auf der Menschheit. Ich verspreche nicht, sie abzuwenden. Und wenn Ich dies auch tue, so wird die Gefahr dennoch bestehen bleiben, solange die Welt sich nicht bekehrt.* "

Auf Seite 390 steht: *„Die Erde (die Verderbtheit der Erde, Anm. d. Autors) verschlingt die Seelen mit Heißhunger.*

Band 2:
Warum es letztendlich Kriege gibt und Leid

Der Himmel hat so viel Mühe, sie zu retten."

Auf Seite 300: *„Ich möchte sie alle retten. Aber sie werden nicht alle gerettet werden. Wegen ihrer Verderbtheit muß Ich – ach! – dem Feuer überlassen, was nicht zu retten ist."*

Auf Seite 318: *„Das tägliche Geschehen. Die Welt wird heimgesucht von Leid und Katastrophen, und sie erduldet sie, ohne ihre Bedeutung zu erfassen. Und so viele Unschuldige bezahlen an ihrem Körper und an ihrer Seele diese Katastrophen, die sie nicht gewollt haben, aber die ihnen durch die Bosheit ihrer Brüder (Jesus meint hier die Menschheit als Familie (!), wie Gott, der Vater ist, Anm. d. Autors) aufgebürdet werden. Und doch haben sie alle den gleichen Vater."*

Auf Seite 487: *„Ein von Liebe brennender Gott erschuf die Welt, um dieser Liebe eine Erfüllung zu geben. Diese Welt hat ihren Schöpfer unaufhörlich enttäuscht. Heute ist das Maß voll, und wenn sie sich nicht bekehrt, wird sie in das Nichts zurücksinken, aus dem Ich sie gezogen habe. Sie haben vergessen, daß sie nur Staub und Asche sind. So wird die Erde nur mehr Staub und Asche tragen. Aber auf diesen Ruinen wird meine Liebe neu erstehen, lebendiger und strahlender denn je. In den befriedeten Seelen wird sie die Fülle ihres schöpferischen und erlösenden Wirkens finden."*

Band 2:
Warum es letztendlich Kriege gibt und Leid

An dieser Stelle möchte ich die Liste der Zitate schließen, und mit einigen persönlichen Anmerkungen zum Dreißigjährigen Krieg anfügen.

Das schlimmste Grundübel ist, daß Menschen immer wieder im Namen des Glaubens Kriege herbeiführen. Dabei nutzen sie vor allem die Unwissenheit der Menschen über Gottes Guten Willen aus. Wüßten alle Menschen auf der Welt, wie Gut Gott ist, dann könnte kein Mensch den Glauben zum Krieg mißbrauchen. Die Alternative kann nicht Gottlosigkeit sein, wie wir gesehen haben, denn ohne Gott gibt es nichts Gutes mehr! Wenn einer meint, da ist ein schlimmer Diktator, dann müßten alle Menschen auf der Welt ihm, der das meint, die rote Karte zeigen, wenn er den Glauben und gar Gott zu seinen Absichten mißbraucht.

Jeder, der Krieg führt, hat Blut an seinen Händen. Und ist das Übel, das er verhindern will, wirklich größer als das, was er mit dem Krieg anrichtet? Diese Frage sollte er nicht allein entscheiden, sondern die ganze Welt. Sonst wird er selbst zum Übel. Er kommt nicht daran vorbei, die ganze Welt von der Notwendigkeit eines Krieges überzeugen zu müssen, wenn er nicht selbst zum Übel werden möchte, also das, wogegen er eigentlich kämpfen will. Die Kriege der Zukunft sollten ohne Menschen geführt werden, d.h. als reine Materialschlacht, wie eine Art olympisches

Band 2:
Warum es letztendlich Kriege gibt und Leid

Schachturnier und die ganze Welt wäre Schiedsrichter und verfügte über das größte Material.

Das wäre das edelste Ziel aller Militärforscher. Und für alle Menschen gäbe es hinreichende Bunker für alle Fälle, auch wegen Gefahren aus dem All.

Zum Schutze aller Menschen vor Terror sollte die ganze Erde (jedenfalls dort, wo die Menschen es vor Ort wünschen, in Wahrung all ihrer Freiheiten und Rechte) mit Spürsensoren ausgestattet werden, die:

(1) schwache Radioaktivität gegen eine potentielle nukleare Bedrohung erfassen,

(2) geringste chemische Substanzen wahrnehmen und rasch mit abgeschlossenen Computern (ohne Manipulationsmöglichkeit) identifizieren, um bei verdächtigen Substanzen sofort Alarm zu geben und

(3) biologische Gefahren (Bakterien, Viren) erkennen und vor potentielle Epidemien warnen.

Weitere Gründe für den Dreißigjährigen Krieg:

+ Die damals allzu schnelle Bereitschaft, Konflikte mit Waffengewalt auszutragen.

+ Und in daraus folgend, daß man kaum seine Stimme erheben und etwas kritisieren konnte, ohne daß das eine gewaltsame Auseinandersetzung provoziert hätte.

Band 2:
Warum es letztendlich Kriege gibt und Leid

+ Die allgemeine Überzeugung, man könne seine Interessen mit Waffengewalt durchsetzen.
+ In führender Position ein gewissenloser machtstrebender Wallenstein.

Bis hierher ging mein damaliger „Vortrag", wie zu Beginn des Kapitels erwähnt, den ich am 12. Mai 2003 verschickt hatte, der aber bald darauf wieder zurückkkam. Mein letzter Beitrag in dieser versendeten Mappe ist hier nicht weiter relevant. Daher lasse ich ihn hier weg.

Unendlicher Schrei des Leids

Ich drücke hiermit mein allertiefstes Bedauern und Entsetzen über alle Opfer des Ersten Weltkriegs und insbesondere über alle Opfer des Zweiten Weltkriegs und von Nazi-Deutschland aus und darf wohl bescheiden anmerken, daß meine christliche Familie auch Opfer dieser Zeit wurde!

In tiefster Demut und Mitgefühl vor endlosen Millionen von Opfern an Leib und Leben dieser Hölle, Kinder Frauen und Männer.

Manfred Heymann
Ex-Zivildienstleistender

Die folgenden Beiträge von mir tippte ich Anfang des Jahres 2004 ein, etwa Februar, März. Ein großer Teil

Band 2:
Warum es letztendlich Kriege gibt und Leid

davon verfaßte ich bereits im Jahr davor. Ein Wort noch zur aktuellen Situation in der Welt: Ich bin nur ein armer Sünder, doch wenn meine Wenigkeit die Verantwortung der amerikanischen Präsidentschaft hätte, würde ich erst einmal dem friedlichen Islam in der Welt ordentlichen Respekt zollen. Johannes Paul II. hat es vorgemacht: Wo andere aufrüsteten, reichte er die Hand dem friedlichen Islam. Ohne diesen unbedingten Respekt Amerikas vor dem friedlichen Islam wird jeder Friede in diesem Jahrtausend nur noch Illusion. Denn wenn der Islam an sich nicht friedlich wäre, die Erde wäre nur noch ein Klumpen Lehm im Universum. Mehr denn je ist es für die ganze Welt wichtig in diesem Jahrtausend, daß nur noch kluge und weise Menschen mit durchaus starker Persönlichkeit amerikanische Präsidenten werden (wie von der herausragenden Persönlichkeit Johannes Paul II.)!

Würde der furchtbare Blutzoll an Amerikanern damit nicht gegen Null gehen? Sucht Amerika hier ein weiteres Vorbild, dann erinnere ich hier an den Mann, der mit seiner Besonnenheit Entscheidend die Erde vor einem Atomkrieg bewahrt hat: John F. Kennedy. Gäbe es uns alle noch, wenn damals ein anderer amerikanischer Präsident gewesen wäre? Ohne die besonnene Politik damals würde selbst George Bush heute kaum noch leben.

In Würdigung dieser Erkenntnisse meiner Wenigkeit und

Band 2:
Warum es letztendlich Kriege gibt und Leid

des Gedenkens der unbeschreiblichen Verdienste John F. Kennedy's gegenüber der ganzen Welt, täte man gut daran, nicht nur in Amerika, sondern weltweit einen ´Gedenktag der Besonnenen Erdpolitik` einzuführen und als Erdfeiertag zu feiern. Es wird Zeit, daß Amerika seine Augenbinde abnimmt und neben sich den großen Bruder Friedlicher Islam erkennt, bevor eine (scheinbare) Respektlosigkeit Amerikas Ihn vom guten friedlichen Weg abbringt. Glauben Sie mir, es fällt dem großen Bruder Friedlicher Islam zunehmend schwerer, seine tolerante Haltung aufrecht zu halten ohne Respekt und Anerkennung Amerikas. (Diese Zeilen schrieb ich bereits im Dezember 2003 nieder.)

Folgende Einsicht von meiner Wenigkeit ist unumstößlich: Wäre ein Amerikaner in einem islamischen Staat geboren, und nicht in Amerika, er würde vom Islam her denken. Und wenn der Allerhöchste es gewollt hätte, dann wäre ein Gläubiger Islamist in Amerika geboren und würde an die Liebe seiner Eltern denken, wenn er dieses Land betrachtet und sich dadurch vielleicht diesem weiten Land verpflichtet fühlen.

Nehmen wir mal theoretisch an, ein Mensch könne zwei Leben gleichzeitig leben auf dieser Welt, dann könnte es in diesen Tagen sein, daß er sich selbst haßt, oder gar umbringt, nur weil sein anderes ´Ich` woanders geboren

Band 2:
Warum es letztendlich Kriege gibt und Leid

ist. Weswegen sonst? So ist folglich jede kriegerische Handlung zwischen Amerikanern und Islamisten einzig und allein ein Krieg der Geburten, wo keiner, und wirklich absolut keiner etwas dafür kann, auf welcher Seite er steht. Nach meiner Einsicht geschehen vergleichbare Dinge in gleicher Weise auch anderswo auf der Welt. Auf welcher Seite man steht, ist einzig und allein eine Frage der Geburt. Darum auch mag der Allerhöchste überall Frieden wollen! Und als letztes eine Frage von mir an Amerika zum darüber Nachdenken: Gibt es auch nur 10 amerikanische Spielfilme (keine Zeichentrickfilme oder Kinderfilme), geschrieben von amerikanischen Drehbuchautoren, die von Amerika der Gegenwart handeln, also der rund letzten 30 Jahre,

+ wo nicht eine Schußwaffe darin vorkommt,
+ wo nicht ein Mord begangen wird,
+ wo nicht menschenverachtende Gewalt gezeigt wird,
+ wo nicht Geld mehr zählt als Menschenleben,
+ wo nicht Geld über Menschenleben (mit-) entscheidet,
+ wo nicht Menschen in Elend Leben müssen, weil sie kaum oder kein Geld haben,
+ wo nicht staatliche Gerechtigkeit, oder die Frage ob Todeszelle oder nicht auch davon abhängen, ob man

Band 2:
Warum es letztendlich Kriege gibt und Leid

ein Star ist oder nicht, ob man Geld hat für einen guten Anwalt oder nicht?

Wenn all das auch nur zum Teil der Realität entsprechen sollte, dann tun mir alle Amerikaner wirklich Leid. Angesichts des Obigen wären sie echt bedauernswert.

Wovon sonst wird das Bild von Amerika in islamischen Ländern geprägt? Worauf ich hier hinaus möchte, bezieht sich auf die Ursachenforschung bei der Frage nach mangelnder Sympathie von Amerika in der Welt. Vielleicht wird manchem Menschen aus bzw. in Amerika hier bewußt(er), warum nicht immer überall überströmender Jubel darüber aufkommt, wenn Amerika Freiheit und Demokratie in einem Land verkündet.

Endlos viele Spielfilme aus und über Amerika zeigen alle Kehrseiten dieser Freiheit und Demokratie. Ob realistisch oder nicht, angesichts dessen, daß diese Gewaltfilme auf der ganzen Welt verbreitet und vertrieben werden, ist der Flurschaden durch diese Filme für Amerika unbeschreiblich groß. Zuvorderst aber über mangelnde Sympathie zu Amerika und deren Verständnis von Freiheit und Demokratie. Zumal diese Gewaltfilme noch kaltherzig als "Unterhaltung" angeboten und verkauft werden, wo alle Welt unter Unterhaltung eigentlich etwas angenehm Positives versteht. Was wiederum inhaltlich, vom Verstand her in Widerspruch dazu steht, daß Amerika den Anspruch

Band 2:
Warum es letztendlich Kriege gibt und Leid

hat, für Menschenrechte einzutreten. Das kann ja sein, nur stellt es sich hier ziemlich "affitückisch" dar. (Der Begriff ´affitückisch` kommt von meiner Wenigkeit und steht für Widerspruch mit geistigem "Pferdefußtritt". Mein Begriff „affitückisch" erkläre ich so, daß es zwei gegensätzliche und beiden entgegenlaufende Bestrebungen gibt: Man strebt das Eine an, wie hier Menschenrechte mit Demokratie und Freiheit, aber das Tückische liegt in dem Entgegenlaufenden, hier menschenverachtende Gewaltfilme aus Amerika für die ganze Welt, und das noch als „Unterhaltungsfilme", die alle <u>Glaubwürdigkeit</u> an Menschenrechte und Menschenwürde umhauen <u>geistig</u>, wie mit einem „Pferfefuß-Tritt" umstoßen! Und dieser Widerspruch trifft einen geistig so wie ein „Schlag", eben wie ein „Pferdefuß-Tritt"! Manfred Heymann)

Ich hoffe, die Amerikaner sehen hier ein und erkennen hiermit diese Problematiken. Positive Filme aus Amerika über Amerika mit positiven Seiten von Freiheit und Demokratie sind dringender denn je geboten.

Und wie beißt der problematische Kontrast zwischen Verschleierung von Frauen aus religiöser Überzeugung und westlicher Darstellung von Pornographie in den Seelen von Islamtreuen? Bitte erkennt diese schwierige Problematik und übersehnt sie nicht, wenn ihr Frieden wollt.

Band 2:
Warum es letztendlich Kriege gibt und Leid

(4) Zur Freiheit jedes einzelnen Menschen vor Gott

Wie erwähnt, stellt auch das absolute Unterlassen des Betens eine Gleichgültige Form von Gottlosigkeit dar. Wobei die Freiheit jedes einzelnen Menschen ein unveräußerliches Geschenk Gottes an jeden Einzelnen Menschen ist und bleibt, ebenso wie die Menschenwürde. Auch und gerade aus katholischer Sicht. So schuf Jesus neben allen Geboten die Vergebung (auch die Vergebung der Beichte). Und Jesus gab vor allem die (Nächsten-) Liebe, d.h. SICH SELBST einzubringen in eine Beziehung zum Nächsten, um unter Wahrung von Freiheit und Menschenwürde des Nächsten Ihn für Gott möglicherweise gewinnen zu können. Daneben gab Er auch Möglichkeiten von Information, Berichten, Hinweisen und Kommunikation, des Betenkönnens für den und die Anderen und der Möglichkeit des Vorbildseins.

Für die Gottgeweihten Seelen, die aus freier Entscheidung in die Würde der Nachfolge Jesu getreten sind, gilt nach wie vor die Verbindlichkeit der heiligen katholischen Kirche und die Verbindlichkeit des Willens Jesu Christi, die sie freiwillig angenommen haben mit Würde und Bürde. Da die Nachfolge Jesu eben nichts weltlich-rein-menschliches ist, vermag kein menschlicher Geist hier zu widersprechen oder einzuwenden, jedenfalls nicht autorisiert, also bevollmächtigt. Die Bürde der Nachfolge Jesu entspricht hier eben der Würde dieser Berufung. Wobei allerdings auch diese Verbindlichkeiten ihre Grenze finden in der von Gott gewollten Ordnung und in der ureigensten Würde jedes Menschen im Namen der Liebe, die jedem Menschen von Gott zugesprochen ist.

Wiederum: Durch Ungehorsam kann (aber muß nicht unbedingt) eine Kirche zusammenbrechen, wenn sie nicht von der Liebe getragen ist. Dies ist meine tiefgründige Erkenntnis auch hier.

Ich möchte das einmal von der Seite eines Kirchenvertreters in traurigster Weise ausführen. Ungehorsam gegenüber dem Papst, oder ihn zu ignorieren, oder aus der eigenen Ansicht auszuklammern, oder ihm zu widersprechen, all das bietet die geeignetsten Vorraussetzungen dafür, daß diejenigen, für die man selber verantwortlich ist, ebenfalls nicht auf einen hören, einen ignorieren, ausklammern und gar widersprechen. Und wollte man hier auf die eigene Kompetenz in Glaubensfragen hinweisen, wo man im selben Atemzug sozusagen die des Papstes von sich weist? Wie oder womit erreicht man dann noch die, für die man verantwortlich ist? Ist es nicht das, was man selbst beim Papst vorbildhaft anerkennt?

Wie bewahrheitet sich das Wort Jesu auch hier: „So wie

Band 2:
Warum es letztendlich Kriege gibt und Leid

ihr anderen tut, so soll euch auch geschehen!" Wider-spruch als Programm ist nicht von Beständigkeit, jeden-falls nicht widerspruchsfrei.

(5) Ein herzliches Wort zum Nachden-ken

Die bedauernswerten Seelen, die hoffnungslos für alle ewigen Zeiten verdammt sind, wünschen sich nichts sehn-licher, als daß sie jeden Tag ihres Lebens vor der Hölle gewarnt worden wären! Soweit ich weiß, sagte die Mutter-gottes Maria, also Mutter Jesu, einmal, daß die meisten, die in der Hölle sind, zu Lebzeiten nicht an die Hölle geglaubt haben. Es scheint wohl so zu sein: Wie der Glaube in den Himmel Gottes führt, so führt der Unglaube eher zu seiner Konkurrenz. Allein schon Letzteres, weil man so gelebt hat, als gäbe es Gott nicht. Und wie stolpert man dann im Jenseits über seine Gebote? Also vergrault es denen nicht, denen diese Warnungen noch helfen können oder könnten!

So sind Warnungen vor der Hölle verbunden mit der Güte höchste Nächstenliebe. Dies als Ausdruck der Besorgnis und des wohlwollenden Gebetes. Wer das relativiert, also klein redet oder in das Lächerliche zieht, dem sage ich

Band 2:
Warum es letztendlich Kriege gibt und Leid

ebenso wohlwollend, daß das zu einer schweren Verantwortung führt.

(6)   Persönliche Anmerkung

Der Grund, weshalb dieses Buch (noch) nicht in Englisch übersetzt ist, liegt darin begründet, daß mein Abitur 24 Jahre zurückliegt und ich seitdem kein Englisch mehr benötigt habe. Deshalb konnte ich mich nicht selber um eine Übersetzung kümmern. Vielleicht aber findet sich ein Übersetzer, der diese Aufgabe übernimmt.

(7)   Nachwort

Bereits Mitte 2002 wollte ich die Menschheit warnen vor den furchtbaren (ich möchte fast sagen kosmischen) Folgen von Abtreibung und allen Eingriffen des Menschen am menschlichen Embryo. Das Leben und auch das Genom des Embryos gehört aber einzig und alleine Gott und sonst NIEMANDEM! Jeder Eingriff verwundet das Herz Gottes auf das tiefste.

Man ließ mich aber diese Warnung nicht veröffentlichen.

Band 2:
Warum es letztendlich Kriege gibt und Leid

Manfred Heymann: Wahre Weisheiten

Wenn ein Forscher oder Arzt meint, die Zeit schütze ihn, weil er schon geboren ist, der Embryo hingegen, den er vor sich auf dem Seziertisch hat, unterliege diesem Schutze nicht, so kann das fatale Folgen haben. Denn wie leicht ist es für Gott möglich, die Seele dieses ehemaligen Wissenschaftlers erneut auf die Erde zu schicken und zwar in einem Embryo, der unter dem Mikroskop eines anderen Wissenschaftlers liegt. Wie leicht ist das für Gott! Ob dies geschieht oder nicht, wer wollte Gott hier Grenzen setzen, und gar in Seinem Heiligen Zorn? Ich möchte hier nur wohlwollend davor warnen, sich selber zu sicher zu sein.

Man denke an die Aussage Jesu: *„Alles nun, was ihr wollt, daß euch die Menschen tun, sollt ebenso auch ihr ihnen tun; denn das ist das Gesetz und die Propheten."* [Matthäus 7, 12], *„Und wie ihr wollt, daß euch die Menschen tun, so sollt auch ihr ihnen tun."* [Lukas 6, 31]. Und bei 1. Mose 18, 14 steht geschrieben: *„Bei Gott ist alles möglich!"*

Aber wie viele unschuldige Menschen erleiden den Eingriff als Embryo? Unter dem Vorwand, helfen zu wollen, wird bereits wie selbstverständlich auf den menschlichen Embryo zugegriffen. Dabei wird jedem menschlichen Embryo die Menschlichkeit abgesprochen, wobei ´Menschlichkeit` ein Terminus ist, über den die Gelehrten erst einmal innig nachdenken sollten. Bereits die Untersu-

Band 2:
Warum es letztendlich Kriege gibt und Leid

chung eines menschlichen Embryos produziert eine gewaltige Schuld, da sie als Rechtfertigung zur Entnahme eines Embryos aus dem Mutterleib, bzw. zur Nicht- Einpflanzung in diesen herangezogen wird. Dies ist aber bereits die Erlaubnis zur Tötung dieses menschlichen Lebens.

Die Menschheit in ihrer Blindheit erkennt nicht, daß jede Abtreibung und jede Tötung eines menschlichen Embryos, aus welchem scheinedlen Grunde auch immer, dem Herzen Gottes höllische Schmerzen bereitet, wohl auch, weil Gott selbst in Jesus sich mit diesem armen Menschen identifiziert.

Doch die Menschheit begreift nicht, daß deswegen der dritte Weltkrieg gegen Ende des zwanzigsten Jahrhunderts nach Nostradamus längst hätte kommen sollen, da Gott deswegen endlos leidet. Nur die Barmherzigkeit Gottes verhindert das noch, da sie von vielen Menschen angerufen wird - fragt sich nur, ob es genügend viele Menschen sind.

Band 2:
Warum es letztendlich Kriege gibt und Leid

Mit freundlicher Genehmigung von Ulrich Heymann.

Band 2:
Warum es letztendlich Kriege gibt und Leid

Nachtrag zur Gentechnik

Befürworter von Gentechnik am Menschen vertreten das Argument, man wolle Leid durch Eingriffe am menschlichen Erbgut beseitigen oder mildern. Aber mit der Öffnung dieser gentechnischen Tür, auch wenn durch den Gesetzgeber legitimiert, wird gewaltiger Mißbrauch ermöglicht, der bis zu Horrorszenarien führen kann. Dieser Mißbrauch schmückt sich mit dem gleichen Motiv des Helfenwollens, allein schon, um die gesetzliche Legitimation, also Erlaubnis, zu erhalten.

So schwer das Schicksal für Betroffene und deren Eltern auch sein mag, es rechtfertig nie, und zwar wirklich NIE, das Opfer auch nur eines Menschenlebens, auch dann nicht, wenn ihnen gesagt wurde, die Ursache der Krankheit sei ein genetischer Defekt. Jeder Embryo, völlig unabhängig davon, wie er gezeugt wurde, ist ein wertvolles Menschenleben von Anfang an! Kein Menschenschicksal rechtfertigt jemals das Opfer eines Menschenlebens. NIE!!!

Denn wer auch nur an ein Embryo rangeht (was schon ´Gott-Spielen` ist!), den trifft das Wort Jesu mit schwerster Schuld: *„Und der König wird Ihnen antworten: Wahrlich, ich sage euch: Was Ihr getan habt einem von diesen*

Band 2:
Warum es letztendlich Kriege gibt und Leid

meinen geringsten Brüdern, habt ihr mir getan."
[Matthäus 25, 40] Und den trifft ebenso das Wort Jesu mit
voller Härte: *„Wer aber einem von diesen Kleinen, die [an
mich] glauben, Ärgernis gibt, für den wäre es besser,
wenn ein Mühlstein um seinen Hals gelegt und er hinabge-
worfen würde ins Meer."* [Markus 9, 42] und *„Er sprach
zu seinen Jüngern: >>Undenkbar ist es, daß die Ärgernisse nicht kommen; wehe aber dem, durch den sie kommen! Es wäre ihm besser, wenn ein Mühlstein um seinen
Hals gelegt und er ins Meer geworfen würde, als daß er
Ärgernis gibt einem von diesen Kleinen. ...<<"* [Lukas 17,
1-2]

Und ebenso hart das Wort Jesu: *„Alles nun, was ihr wollt,
daß euch die Menschen tun, sollt ebenso auch ihr ihnen
tun; denn das ist das Gesetz und die Propheten."*
[Matthäus 7, 12] und *„Und wie ihr wollt, daß euch die
Menschen tun, so sollt auch ihr ihnen tun."* [Lukas 6, 31]

Diese Worte Jesu sind nachzulesen im Neuen Testament.
Sie sind als Göttliches Wort für alle Zeiten und für jeden
gültig!

Wer hingegen meint, ein Embryo sei kein Mensch, nach
deren Auffassung hätte man sie (also diejenigen, die diese
Meinung vertreten), als Embryo ruhig wegwerfen können.
Ich möchte damit nur zeigen, wie kurzsichtig und gedan-
kenlos und herzlos diese Argumentation ist. Aber Vor-

Band 2:
Warum es letztendlich Kriege gibt und Leid

sicht: *„Mein ist die Rache!"* [Römer 12, 19], spricht Gott, der Herr. Jeder, der das nicht beachtet und respektiert, den trifft ebenso das Wort Jesu: *„Alles nun, was ihr wollt, daß euch die Menschen tun, sollt ebenso auch ihr ihnen tun; denn das ist das Gesetz und die Propheten."* [Matthäus 7, 12] und *„Und wie ihr wollt, daß euch die Menschen tun, so sollt auch ihr ihnen tun."* [Lukas 6, 31]

Und würden vielleicht mögliche Heilungen durch Gentechnik an einzelnen Menschen jemals die gewaltige Bedrohung des Mißbrauchs der Gentechnik am Menschen aufwiegen können? Jeder einzelne Wissenschaftler und Forscher bezahlt mit seinem eigenen Seelenheil auf ewig, wenn er oder sie Gott spielt. Die tun mir jetzt schon alle wirklich furchtbar Leid. Denn die Unmöglichkeit zurückzukommen, seine Fehler zu bereuen und versuchen, sie wieder gut zu machen, wenigstens ansatzweise, kann entsetzlich grausam sein. Wer erst einmal gestorben ist, für den gibt es kein Zurück mehr, auch nicht mit Gentechnik. Die Unumkehrbarkeit der Zeit wird dabei zum Martyrium. Und da hilft es auch nicht, wenn irgendeine physikalische Theorie von der Möglichkeit ausgeht, Zeit könne rückwärts laufen. Den Toten im Jenseits hilft das nicht, da die Naturgesetze GOTTES WORT sind und ER im Jenseits regiert.

Trost der Rechtschaffenen: Wie tröstlich ist für so viele

Band 2:
Warum es letztendlich Kriege gibt und Leid

Verstorbene das Gebet der Lebenden und die Aufopferung von Heiligen Messen. [In der katholischen Lehre besteht die Möglichkeit, daß jeder Laie beim Priester einen Obulus entrichten kann (zum Beispiel 10 Euro, die Höhe muß aber erfragt werden) und der Priester mit diesem „Meßstipendium" eine Heilige Katholische Messe abhält, wobei der Laie hier das Anliegen des Gottesdienstes festsetzt, zum Beispiel für einen Verstorbenen! Und jeder Laie kann so beliebig viele Heilige Messen in Auftrag geben! Das nenn man „Aufopferung von Heiligen Messen"!] Nur wie schnell, wie erschreckend schnell ist ein Verstorbener vergessen in dieser Welt! Welcher Verstorbene erfährt das nicht als kalter Schauer?

Doch nun wieder zurück zur Gentechnik. Das, was der Mensch vor allem bei der Gentechnik nicht weiß, ist heute wohl noch größer als das, was er bereits weiß. Wie sollte der heute eher noch unwissende Mensch, aber auch der künftige Mensch, der wohl ebenso nie alles wissen wird, fähiger sein, was das Wissen über Erbanlagen betrifft (und nicht nur das!), als der allmächtige Gott?

Welch eine Vermessenheit des vergänglichen Menschen, der nicht einmal alle Folgen seines Handelns (auch bei der Gentechnik, aber nicht nur da) auch nur abschätzen kann. Bei nahezu allem, was der Mensch entwickelt hat, hat sich gezeigt, daß sich die Vorteile später zu Nachteilen entwi-

Band 2:
Warum es letztendlich Kriege gibt und Leid

ckelt haben. Hierzu ein Beispiel: Nachdem der Mensch das Auto entwickelt hatte, meinte er zunächst vordergründig, darin einen Vorteil zu haben. Doch der Gedanke des Menschen „Ich kann damit …" wuchs zunehmend zu dem Gedanken „Ich muß damit …". So wurde aus einem „kann" ein „muß", ein regelrechter Zwang.

Genauso beim Handy. Vordergründig hat der Mensch mehr Möglichkeiten , bis Geschäftsleute und andere damit Tag und Nacht erreichbar sein müssen.

So zeigt sich bei nahezu jeder technischen Entwicklung des Menschen nach vordergründigem Vorteil zunehmend der Fluch dieser Entwicklung. Ebenso wird es wohl auch mit der Gentechnik sein.

Seit rund einem Jahrhundert gibt es nun schon Verbrennungsmotoren und einer der ersten Einsätze war das Auto. Doch durch all die negativen Eigenschaften kann es zur zunehmenden Unbewohnbarkeit des Planeten führen. Die Menschheit hat schon genug Probleme. Wir brauchen die Gentechnik nicht auch noch!

Es gibt eine Art Steigerung:

1. Zuerst gab es die Chemie mit ihren Giften.
2. Dann kam die Physik mit ihrer Kernspaltung.
3. Und zuletzt kommt die Biologie.

In der Biologie ist alles Leben scheinbar machbar - vor allem für Geld. Jedes menschliche Leben wird auf die

Band 2:
Warum es letztendlich Kriege gibt und Leid

Frage reduziert, ob wir uns das leisten können, vor allem bei behindertem Leben, bis das menschliche Leben selbst zur käuflichen und verkäuflichen Ware wird. Weltweit.

Was wäre aus uns allen geworden, wenn bereits unsere Eltern, durch die Schuld von (hier Gott sei dank nur fiktiven, also für damals erdachten) Ärzten gedrängt, vor jeder Geburt wie bei einem Schaufenster von mehreren Embryonen mit entsprechender Kennzeichnung der Eigenschaften hätten eines aussuchen sollen?

Verkümmert der einzelne Mensch nicht jetzt schon in der vom Menschen geschaffenen Welt aus Beton, Lärm, Abgasen und Giften und unaufhörlichem Streben nach Geld? Wie trostlos muß erst diese Welt werden für jeden Menschen, wenn auch alle Pflanzen und Tiere nur so sind, wie irgendein Mensch sie irgendwann haben wollte! Und das vielleicht auch nur wegen Geld, weil einer sich das leisten konnte oder nur weil einer damit Geld sparen wollte. Ich sage, wer wirklich Leid auf der Welt verhindern will, der sorge mit dafür, daß kein Mensch mehr in die Hölle kommt und Gott sorgt dann ohne Probleme dafür, daß es allen Menschen gut gehen wird auf der Erde. Dann wird es keinen Grund für Gott geben, daß es nicht alle Menschen, die es möchten, schon auf der Erde himmlisch gut haben werden. Denn dann ist das Reich Gottes da, wozu Jesus uns vor rund 2000 Jahren aufgerufen hat, dafür zu beten

Band 2:
Warum es letztendlich Kriege gibt und Leid

(im Vater-Unser).

Wenn man sich hier fragen würde, was man dafür tun könne, dann käme meine Wenigkeit mit der Antwort, einfach reichlich auf dieses Buch hinzuweisen, das deutlich für sich selbst sprechen kann, aber da würde ich mich des Verdachts des Eigennutzens aussetzen, wenn ich das hier so einfach erwähnen würde, daher geht das nicht.

Es ist Wahnsinn, angesichts der Macht des Bösen in der Welt, eine solche Tür, wie die Gentechnik, zu öffnen. Welche Schuld trifft den, der diese Tür aufmacht, und wer sieht jetzt schon, wieviel an gewaltigem (ich möchte fast schon sagen kosmischem) Leid die Gentechnik über die Menschheit bringen wird, sobald der Mensch selbst zum Versuchsobjekt wird? Gott hat es immer gut gewollt mit den Menschen! Aber wie oft (oder selten) hat es der Mensch gut gemeint mit dem Menschen? Und wie oft zählt Geld mehr als Skrupel?

Für diejenigen, die es verstehen: Es ist fraglich, ob der Mensch jemals alle gentechnischen Zusammenhänge und Wirkungsweisen verstehen kann. Es kann sein, daß die Gentechnik in ihrer Komplexität vergleichbar ist mit den ineinandergehenden wechselseitigen Wirkungsweisen des menschlichen Gehirns, das wohl nie ganz ergründet werden kann. Und da ist es doch Wahnsinn (nichts anderes!!!), an die Erbanlagen des Menschen überhaupt

Band 2:
Warum es letztendlich Kriege gibt und Leid

dranzugehen, aber auch die der Tiere und Pflanzen. Denn die Folgen sind kaum oder nie ganz abzusehen, zumal die Veränderungen am Erbgut noch von allen Nachkommen mit diesen Genen erduldet, getragen und ertragen werden müssen. Wissen wir zum Beispiel, ob es nicht irgendwann Unverträglichkeiten zwischen veränderten und bestehenden Genen geben kann? Irgendwo? Können wir das jemals ausschließen?

Die Gene der bisherigen Lebewesen, auch des Menschen, wurden über Jahrmillionen OPTIMIERT und KEIN MENSCH AUF DER WELT weiß, wieviele und welche Leiden dem heutigen Menschen DURCH die endlos lange OPTIMIERUNG SEINER GENE ERSPART BLEIBEN bzw. BLIEBEN.

Dieses mein Buch soll auch eine >Brücke< sein zwischen Naturwissenschaften und Theologie! Und eine einseitige Anschauung Anderer geht zu Lasten dieser meiner „Brücke"!

Meine Einsicht ist, daß Gott für Alle Wahrheiten eintritt, auch die der Naturwissenschaften, denn GENAU DIE SIND SEIN WERK! Jesus: „Ich bin der Weg und die Wahrheit und das Leben ..." [Johannes 14, 6]

ES GIBT KEINE WAHRHEIT, FÜR DIE GOTT NICHT EINTRITT! (Meine Einsicht!)

Und die Millionen Jahre genetische Optimierung von

Band 2:
Warum es letztendlich Kriege gibt und Leid

Mensch, Tieren, Pflanzen und Meeresbewohnern <u>sind zweifelsfrei bewiesen</u> naturwissenschaftlich!

Da ist „nichts mehr daran zu rütteln", wenngleich ich hier sehr gerne meine Einsicht bekanntgebe, daß DIESE Optimierung unter den Händen Gottes auch geschehen mußte, wie wunderbar Alles zusammen paßt, vom Universum

- (der Chemie:) über die Entstehung aller chemischen Elemente, die in ehemaligen Sonnen gebildet wurden, aus denen wohl das ganze Universum besteht und alles Leben, auch wir Menschen, und aller Eigenschaften von chemischen Substanzen, organische wie anorganische, mit ihren chemischen Reaktionen,

- der Physik mit all ihren Formeln, die oft genaueste Werte liefern und all ihren entsprechenden Theorien, so sie bewiesen sind,

- der Biologie, wobei hier zum Beispiel genetische Abläufe bekanntlich so komplex sind wie etwa das menschliche Gehirn,

- der Pharmazie (Apotheken) mit allen Heilkräutern und sämtlicher Heilsubstanzen,

- der Medizin mit allen Methoden der Diagnose und der ganzen Fülle an Heilverfahren und Anwendungen und medizinischen Eingriffen in der Therapie und <u>Alles</u> „unter einen Hut zu bringen" in <u>EINE, unsere</u> Natur! (nach meiner Einsicht hier)

Band 2:
Warum es letztendlich Kriege gibt und Leid

Und <u>DAS ALLES</u> muß bereits <u>VOR ENTSTEHUNG</u>
<u>DES UNIVERSUMS GEPLANT SEIN</u>, damit Alles zu-
sammenpaßt, wie ich hier auch einsehe! <u>Meine</u> Einsicht!
UNFASSBAR!!! WIE GÖTTLICH GENIAL!!!
Manfred Heymann, 9.10.2010

Nun würden manche Wissenschaftler einräumen: „Genau
das versuchen wir auch." Aber das hieße auch, daß alle
durch die Göttliche Schöpfung nicht erzeugten Mängel
und damit das Leid durch Versuch und Irrtum dem Menschen wieder zugemutet werden. Das geht dann so weit,
bis die Wissenschaftler alle Leiden, die durch ihr Tun
entstehen, erkennen und zukünftig (hoffentlich) vermeiden. Doch wie viel Lehrgeld an Leid bringt dann die
Gentechnik über die Menschen, bis man alle möglichen
genetischen Fehlbildungen des Menschen erkennt? Uner-
meßliches Leid!
Sollte man all das je erkennen, geht es dann nicht mit dem
Mißbrauch dieses Wissens weiter? Für die Macht und
Geld Mafia dürfte das kein Problem sein.
Wie gesagt, die Wissenschaftler und Forscher haften mit
ihren Seelen, wenn sie Gott spielen mit den Genen. Vielleicht nicht erst, wenn etwas schief geht, sondern möglicherweise bereits für ihre Vermessenheit. Wer kann
ausschließen, daß Gott nicht sagt: „Wer so mit dem Heil

Band 2:
Warum es letztendlich Kriege gibt und Leid

anderer umgeht, der hat im Himmel nichts verloren!" Wer kann das ausschließen? Darauf möchte ich nur wohlwollend hinweisen. Ich finde, das ist besser als Gleichgültigkeit. Ich persönlich habe nichts davon, wenn ich das sage. Aber vielleicht werden den Betreffenden die (möglicherweise ungeahnten) Dimensionen ihres Handelns bewußter. Wievielen geht erst nach ihrem Tod ein Licht auf? Wieviele werden all das erkennen und einsehen, wenn es leider schon zu spät ist? Ich erwarte nicht, daß man diesen Rat von mir annimmt. Darum sage ich: Wer es fassen kann, der fasse es!

Wohl nur allerbester Wille kann hier bei der Höllensünde Gott zu spielen noch gerade im Einzelfall die Seele retten. Insbesondere gilt: Wer mit Gentechnik auch nur einen anderen durch die Hölle gehen läßt, wie sollte er selber der Hölle entgehen? Wer hier einwendet, daß Menschen mit sogenannten genetischen Defekten durch die Hölle gehen, dem sage ich noch einmal: Nicht um den Preis eines oder gar mehrerer Menschenleben Heilung!

Untersuchungen auf mögliche genetische Defekte halte ich als legalisierende Maßnahmen im Vorfeld für höchst bedenklich, da sie zutiefst Gottesverletzende Maßnahmen darstellen. Um es einfach auszudrücken: Diese Untersuchungen bereiten innerlich und äußerlich den Boden für zutiefst Gottesverletzende Blutfrevel und als solche sind

---

Band 2:
Warum es letztendlich Kriege gibt und Leid

---

diese bereits höchst bedenklich. Denn vom einen zum anderen ist es nur ein kleiner Schritt. Und wie Jesus sagt: *„Diese Kleinen, die geopfert wurden, schreien zum Himmel um Rache! Sie werden die Ankläger im jüngsten Gericht sein!"* (Botschaft Jesu vom Anfang dieses meines Vortrags an die Begnadete, die in der Straßenbahn saß.)

Gott hat die härtesten Strafen bei Vergehen gegen die Kleinsten und Unschuldigsten ausgesprochen, weil die am hilflosesten sind. Hierzu ein Wort Jesu: *„Wer aber einem von diesen Kleinen, die [an mich] glauben, Ärgernis gibt, für den wäre es besser, wenn ein Mühlstein um seinen Hals gelegt und er hinabgworfen würde ins Meer."* [Markus 9, 42] *„Er sprach zu seinen Jüngern: >>Undenkbar ist es, daß die Ärgernisse nicht kommen; wehe aber dem, durch den sie kommen! Es wäre ihm besser, wenn ein Mühlstein um seinen Hals gelegt und er ins Meer geworfen würde, als daß er Ärgernis gibt einem von diesen Kleinen. ...<<"* [Lukas 17, 1-2]

Wie gewaltig muß da der gerechte Zorn Gottes bei einem Vergehen an einer Eizelle sein? Ist nicht das Einschränken der Möglichkeiten des Menschen genau das, was allen Menschen gut tut? Die dringendste Frage der Zukunft wird wohl sein, ob und inwieweit es noch einen Weg zurück gibt. Einen Weg zurück zum Zustand vor der Gentechnik. Möge die Menschheit bei allen Problemen auf relativ

---

Band 2:
Warum es letztendlich Kriege gibt und Leid

---

einfache Mittel zurückgreifen und die letzten (tödlichen) Wissens- und Entwicklungsstufen zum eigenen Schutz vor sich selbst ausklammern.

Auf welches Wissen der letzten Möglichkeiten der pervertierten Ausrottung der ganzen Menschheit würden Genforscher hier wohl stoßen? Vielleicht in Verbindung mit dem Verbreiten von speziellen Viren?

Wir steuern geradewegs darauf zu, daß jeder Gelehrte aus dem Bereich der Biologie mit verbesserten gentechnischen Instrumenten dazu in der Lage sein wird und daß alles nur eine Frage der Zeit ist - und das bei dem Terror in der Welt. Wie wird in dieser Hinsicht die Welt wohl in zehn Jahren aussehen?

Alle Gentechniker der Welt sollten aus Gründen der Vernunft, die von der Wissenschaft doch immer so gepriesen wurde, augenblicklich ihre Instrumente aus den Händen legen. Wer sich für Gentechnik entscheidet, der entscheidet sich damit unausweichlich auch für die zunehmend wahrscheinlicher werdende potentielle Ausrottung der Menschheit. Dies wird eintreffen, falls die Menschheit nicht zu Gott zurückfindet! Denn nur dann, wenn die Menschheit zu Gott zurückfindet, hat das Böse nicht die Macht dazu, weil Gott dies dann immer zu verhindern weiß.

Ich höre an dieser Stelle besser auf, mich über die Gentechnik auszulassen, und die Menschheit sollte es auch tun!

Band 2:
Warum es letztendlich Kriege gibt und Leid

© by Ulrich Heymann

Mit freundlicher Genehmigung von Ulrich Heymann.

Band 2:
Warum es letztendlich Kriege gibt und Leid

Aufruf zum Nachdenken

Jede Präimplantationsdiagnostik

ist die Planung

des Mordes

an einem oder

mehreren Menschen der Zukunft

unter bestimmten Voraussetzungen,

und damit Auslöschung

auch All ihrer möglichen Nachkommen!

Band 2:
Warum es letztendlich Kriege gibt und Leid

Hier im Geist mit Johannes Paul II. vereint,
bete ich für das Ende aller Kämpfe in Afghanistan
und überall zwischen Christen und Moslems und für
das Ende aller Kriege weltweit und hoffe, daß die
Vernunft siegen wird
und nicht dieses ständige gegenseitige Töten und
Verletzen, Wieder-Töten ohne Ende, grausam!
Dafür hat der Allerhöchste den Menschen nicht ge-
schaffen, sondern zum Frieden mit Ihm und Allen
Menschen!
Gleichwohl weiß ich, daß beide Seiten gleich viel
für den Frieden tun müssen, damit nicht einseitig
gute Taten und gute Absichten zum Frieden
im Krieg „bestraft" werden und dann äußerste Bit-
ternis bleibt!
Alle Mächtigen beider Seiten tragen hier besondere
Verantwortung!
Klugheit und Vernunft können Kriege besiegen und
Frieden bringen, wenn die Mächtigen sich nur die
Hände reichen in gegenseitigem Respekt!

Manfred Heymann

Band 2:
Warum es letztendlich Kriege gibt und Leid

Nur Wer

versöhnt,

hat letztendlich

recht

und er

hat den

rechten Geist

im Allerhöchsten,

DER beständig

macht!

Manfred Heymann

Band 2:
Warum es letztendlich Kriege gibt und Leid

Wer Christen, die guten Willens sind
oder andere friedliebende
Menschen
verfolgt, verletzt
oder gar tötet,
den kann
der Allerhöchste
(gepriesen sei
Er unendlich)
wieder auf
die Erde schicken,
zum Beispiel
als Christ dort,
wo er nun
die gleiche
Verfolgung erleidet!

Band 2:
Warum es letztendlich Kriege gibt und Leid

Manfred Heymann: Wahre Weisheiten

Wer wollte hier
dem Allerhöchsten
in Seinem heiligen Zorn
Grenzen setzen?
Ist bei Ihm
nicht Alles möglich?!
Und Gerechtigkeit
ist neben Barmherzigkeit
Seine heilige Tugend!
Aber Rache steht
NUR IHM ZU!!!
>Mein ist die Rache!<
„Rächt euch nicht selbst,
Geliebte, sondern gebt Raum
dem Zorngericht; es steht
ja geschrieben: >>Mein ist
die Rache; ich will vergelten,
spricht der Herr<< (5 Mose 32, 35). "
[Römer 12, 19]
Manfred Heymann

Band 2:
Warum es letztendlich Kriege gibt und Leid

© by Ulrich Heymann

Mit freundlicher Genehmigung von Ulrich Heymann.

Band 2:
Warum es letztendlich Kriege gibt und Leid

Christenverfolgungen

Allen Menschen auf der Welt, die Christen verfolgen, sei ins Gewissen geredet. Denn um das Jahr 1994 etwa stellten Astronomen fest, daß unsere Galaxie, die Milchstraße (und möglicherweise weitere Galaxien), auf das 'Kreuz des Südens' am Nacht- himmel zusteuert. Dieses Ergebnis müßte heute erneut überprüft werden. Wenn es wahr bliebe, dann würde gelten, daß dieses himmlische Zeichen nur vom Allerhöchsten kommen kann, denn Er wohnt in allem Sein des Universums und darüber hinaus!

Wenn es wahr ist, daß unsere Galaxie (und unsere Nebengalaxien) auf das 'Kreuz des Südens' zusteuern, dann hieße das, dass all unser Sein aller Menschen aller Zeiten und aller Kreaturen auf ein Kreuz zusteuern würden, nach dem Willen des Allerhöchsten. Auch nach dem Ende dieser Erde über viele, viele Millionen Jahre wäre es so!

Wenn es wahr ist, könnte es dann ein größeres göttlicheres Zeichen für die Wahrhaftigkeit des christlichen Glaubens als diese kosmische Erkenntnis geben? Wenn es wahr ist, dann kann es nur Göttlich sein!

Wenn es wahr ist, daß der Allerhöchste das 'Kreuz des Südens' zum Ziel allen Seins macht, wer will da das Kreuz bekämpfen?

Aber sollte es nicht so sein, so ist doch bereits die Existenz

Band 2:
Warum es letztendlich Kriege gibt und Leid

des 'Kreuz des Südens' am Nachthimmel bemerkenswert als himmlisches Zeichen. Niemand verlangt hier, seinen Glauben zu wechseln. Es geht nur darum, Christen und Andersgläubige guten Willens, aber auch Islamisten, Israeliten und Alle guten friedlichen Willens nicht zu verfolgen, nicht zu quälen und nicht zu töten und allgemein keinen Menschen! Denn der Mensch erntet, was er sät. Und wer die Hölle auf der Erde sät, wie sollte er sie dann nicht im Jenseits ernten? Wer auf das Erbarmen des Allerhöchsten hofft, der ist gut beraten, im Leben auch vor allem Barmherzigkeit mit menschlicher Güte zu üben und nichts Höllisches zu säen; dies ist wichtig für MEHR Menschlichkeit auf der Welt.

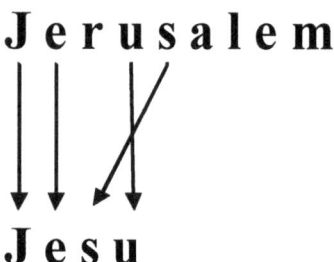

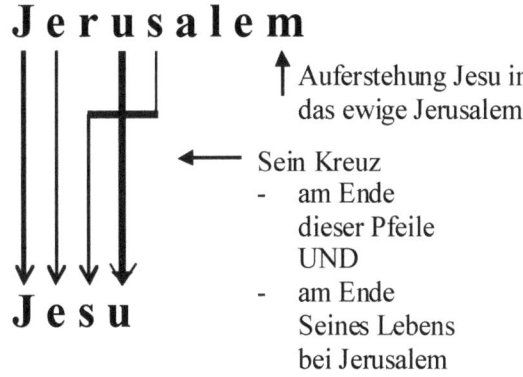

Diese meine Einsicht zeigt: Die heilige Stadt Jerusalem weist auf Jesus hin (den Friedensstifter)!

Es geht hier um das Weltgeschehen

Warum hat der Prophet Mohammed Jesus als Prophet bezeichnet und damit geehrt und auch die Mutter von Jesus gewürdigt? (Sure 19, 30f.) (Sure 19, 16 ? 34)

Mohammed hat damit die Botschaft von Jesus zum guten Teil akzeptiert und gelten lassen! Sonst hätte Mohammed Jesus nicht als Prophet bezeichnet! Jesus sagte: „An ihren Früchten also werdet ihr sie erkennen." (Neues Testament, Matthäus 7, 20)

Und eine so eindrucksvolle Weltreligion, den Islam, mit einer solchen Geschichte zu gründen, zeugt davon, wie sehr Mohammed ein erhabener Prophet des Allerhöchsten sein muß!

Was auch immer über den Propheten Mohammed gesagt oder geschrieben wird:
Sein gläubiges Volk ehrt den Allerhöchsten seit dem Leben des Gründers bis auf den heutigen Tag (was hervorragende Früchte sind),
was man AUCH vom Christentum und vom Judentum sagen kann!

Band 2:
Warum es letztendlich Kriege gibt und Leid

Ich als Christ und Katholik glaube an die volle Botschaft Jesu; aber der obige Grund ist es <u>ALLEMAL</u> wert, auch den Islam und das Judentum (als die erste Religion des Allerhöchsten) zu würdigen und zu ehren!

Manfred Heymann

Jesus sagte aber auch:
„Was ihr dem Geringsten meiner (friedlichen; meine Anmerkung) Brüder (ob im Christentum oder im Judentum oder einem anderen Menschen; meine Anmerkung) getan habt, das habt ihr mir getan!"

„Und der König wird ihnen antworten: Wahrlich, ich sage euch: Was ihr getan habt einem von diesen meinen geringsten Brüdern, habt ihr mir getan." (Matthäus 25, 40)

Ich stehe fest in der Katholischen Kirche und Bewundere doch am friedlichen Islam, also dort, wo seine Güte vorherrscht, die Glaubenstreue Aller und daß aufgrund dessen im Islam nahezu Alle Friedlichen in das Paradies gelangen!

Daß auch in der Christenheit nahezu Alle in den Himmel kommen, an diesem Ziel arbeiten viele Christen!

Band 2:
Warum es letztendlich Kriege gibt und Leid

Wäre Gott nicht FÜR das Christentum, dann wäre es <u>NIE</u> zur Weltreligion geworden! Da aber offensichtlich Gott dafür ist, durfte das Christentum seit 2000 Jahren ein großer Teil der Menschheit werden!

Ebenso blieb mit der Gunst und Hilfe des Allerhöchsten bekanntlich das israelische Volk Abrahams am Leben und

Mit der Gnade und Hilfe des Allerhöchsten, gepriesen sei Er unendlich, wurde der Islam auch zur Weltreligion!

Wer friedliebende Christen, Moslems oder Israeliten oder andere Friedliebende verfolgt, verletzt oder gar tötet, der bekämpft damit den Frieden in der Welt!
Der Friedensstifter Johannes Paul II. War der erste Papst, der eine Moschee besuchte und als Freund Aller Menschen beklagte er JEDEN Krieg und JEDE Grausamkeit und Unmenschlichkeit zutiefst!

Der Allerhöchste schuf Alle Menschen und sollte unser Almosen nicht jedem beliebigen Armen gelten ...?

Wie kann Er DA nicht der Freund Aller Menschen sein ...?

Und muß DA der Allerhöchste nicht auch den Krieg und alle Grausamkeiten und alle Unmenschlichkeit hassen, als Freund Aller Menschen ...?

Meine Einsicht ist: Es darf und kann nicht sein, daß ein Mensch gütiger ist als der Allerhöchste! Denn Er ist bei Allem <u>im Guten</u> der Erste!

Manfred Heymann

Ein Beispiel: Abraham bittet für Sodom und Gomorrha bei Ihm! (1 Mose 18, 16-32)

Sehen Sie dazu:
>Um den 7.8.2010: In Afghanistan wurde furchtbarerweise ein christliches Augen-Ärzte-Team von den Al-Kaida erschossen; sie gaben an, der Grund sei, daß die

Band 2:
Warum es letztendlich Kriege gibt und Leid

Christen versucht hätten, „Moslems zum Christentum zu
bekehren"!
Nach Aussage der Moderatorin (im Fernsehen) würde
dieser Vorwurf öfter gehört!< (meine Notiz damals!
Manfred Heymann)

NIEMAND, NIEMAND sollte seinen Glauben wechseln!

Es könnte sonst die Grund-Ordnung der Welt erschüttern,
wenn innerhalb der drei monotheistischen Religionen
(Judentum, Christentum, Islam) <u>ZU VIELE</u> ihren Glauben wechseln würden!

Das Judentum, das Christentum und der Islam (hier in
historischer Reihenfolge) haben Alle ihre Daseinsberech-
tigung durch den Allerhöchsten, den sie Alle anrufen und
anbeten!

Selbst die Engel des Allerhöchsten sind ihnen Allen bekannt!

Wer also Israeliten, Christen oder Moslems oder Andere
bekämpft, die guten Willens zum friedlichen Nebenein-
ander sind, der bekämpft, wie gesehen, den heiligen Wil-

Band 2:
Warum es letztendlich Kriege gibt und Leid

len des Allerhöchsten zum Guten in der Welt und dazu
gehört auch der weltweite Friede!

Denn Er tritt für das Gute ein im Universum!

Manfred Heymann

Band 2:
Warum es letztendlich Kriege gibt und Leid

Folgendes geschieht nur in der katholischen Kirche:

Jesus und seine Mutter Maria erscheinen immer wieder katholischen Begnadeten im Laufe der Zeit, wie Sie selbst lesen können in diesem Buch vielfach!

Und DA SOLL DER GLAUBE AN JESUS UND MARIA NICHT WAHR SEIN?

UND CHRISTEN SOLLEN DA „UNGLÄUBIG" SEIN?

Wer kann solches vom Gründer seiner Religion behaupten?

Die aktuellen Botschaften von Jesus und Maria füllen ganze Bücher, einzig und allein für Christen bestimmt!

((((**NUR FÜR** Alle Christen:
Orte der Erscheinungen: Lourdes, Fatima, Medjugorje, Marpingen, La Salette, Polen (Botschaft an Schw. Faustyna Kowalska) und andere.))))

Band 2:
Warum es letztendlich Kriege gibt und Leid

ICH MÖCHTE HIER **NUR UND ALLEIN**, DASS MAN <u>ENDLICH</u> friedliebende Christen und <u>ALLE</u> guten, friedlichen Menschen <u>IN RUHE LÄSST</u>!

Warum sonst hat der Prophet Mohammed in das heilige Buch des Koran geschrieben, daß Jesus ein Prophet sei?

So erwies der Prophet Mohammed Jesus Ehre! (Auch wenn er vielen diese Ehre zukommen ließ!)

Ich glaube, Mohammed und Jesus wären gute Freunde geworden!

Jesus: „Selig ist, wer nicht Anstoß nimmt an mir (und den Meinen; meine Anmerkung)!" (Matthäus 11, 6) Denn Jesus sagte auch:
„Was ihr getan habt einem von diesen meinen geringsten Brüdern, habt ihr mir getan."

„Und der König wird ihnen antworten: Wahrlich, ich sage euch: Was ihr getan habt einem von diesen meinen geringsten Brüdern, habt ihr mir getan." (Matthäus 25, 40)

Band 2:
Warum es letztendlich Kriege gibt und Leid

Das Problem beim Christentum ist seit dem 20. Jahrhundert noch, daß die Christen auch für die Vergehen von manchen Nicht-Christen unter ihnen verantwortlich gemacht werden, daß es heißt, im Christentum gäbe es Gewalt, Verbrechen und Unmoral. Welche Schuld der entsprechenden Nicht-Christen hier!!

Wobei ich hier die Schuld von manchen Christen keineswegs schmälern möchte; besonders die, die sich so nennen, aber nicht danach handeln!
Vor Allen SOLLTEN Amerikanische Präsidenten ENDLICH DAMIT AUFHÖREN, BOMBEN WERFEN ZU LASSEN UND dann noch von Gott zu sprechen und in eine Kirche zu gehen, was eigentlich alleine gut wäre, aber MIT BOMBEN-WERFEN ist es verheerend für das Christentum weltweit und es schürt die Christenverfolgungen international! Unschuldige friedliebende Christen „bezahlen" das mit Verfolgung und zuweilen mit ihrem Leben!

Band 2:
Warum es letztendlich Kriege gibt und Leid

Dieses furchtbare Beispiel der Amerikanischen Präsidenten muß aufhören mit dem Bomben-Werfen und damit Aller Anderen auch !

Was sie damit dem Christentum weltweit antun!!

Sie „torpedieren" damit VOR ALLEM DAS CHRISTENTUM!!

Oder steckt in einer Bombe irgendeine Nächstenliebe für die Opfer?

Jesus wäre damit <u>NIE</u>, <u>NIE</u> einverstanden! Denn er predigte, um des Friedens willen seine Feine zu lieben und nicht zu töten!

Unser lieber Papst Johannes Paul II. hat es vorgelebt!

Die Liebe sollte in der Welt regieren und Jesus wußte, daß <u>NUR</u> DIE FRIEDLICHE LIEBE UND DER GEGENSEITIGE RESPEKT ALLER MENSCHEN DIE ERDE <u>WIRKLICH</u> BESSER MACHT!!!

Band 2:
Warum es letztendlich Kriege gibt und Leid

Der Allerhöchste tritt für das Gute ein auf der Welt, auch in den Menschen und daß dieses Gute allen Menschen zuteil werde! Denn Er hat sie Alle geschaffen und Er ist ihr Allerhöchster! Warum sonst sollen wir Almosen den Armen geben, wer es auch immer sein mag?

Im Paradies hat Haß keinen Platz und wie sollte man <u>DA</u> Menschen des Hasses einst finden?

Manfred Heymann

Nur <u>Wer</u> von Gewalt und Haß sich abwendet, kann wieder den inneren Frieden des Allerhöchsten in sich spüren, wie alle guten Menschen und mit ihnen sich auf das verheißene Paradies des ewigen Glücks und himmlischer Herrlichkeit freuen, wo <u>ENDLICH</u> alle Gewalt ein Ende haben wird!

Das Paradies des Allerhöchsten schafft man auf der Erde <u>NIE</u>, <u>NIE</u>, <u>NIE</u> mit Gewalt!

Denn Gewalt erzeugt <u>IMMER NUR</u> Gegengewalt bekanntlich und <u>DAMIT</u> die Hölle auf der Erde!

Band 2:
Warum es letztendlich Kriege gibt und Leid

Und die „kleinste" Gewalt kann das Ende der Menschheit heraufbeschwören!

Ich erinnere hier an das Attentat von Sarajewo, das <u>allein genügte</u>, um Europa in den Ersten Weltkrieg zu stürzen, in einen „Weltenbrand" mit Millionen und Aber-Millionen von toten und verwundeten Menschen!

Und <u>Wer</u> auf der Welt glaubt, daß der Attentäter von Sarajewo <u>JEMALS</u> seinen Frieden finden würde? Wer?

Dieser Attentäter wird wohl <u>EWIG</u> die Hölle des Ersten Weltkriegs <u>IN SICH TRAGEN</u>!

Manfred Heymann

<u>WER</u> möchte ihm nacheifern?

Heute oder irgendwann?

Manfred Heymann

Band 2:
Warum es letztendlich Kriege gibt und Leid

Wenn Islamisten manchmal Christen vorwerfen, sie wollten Islamisten zum Christentum bekehren, so müsse das zweifelsfrei bewiesen werden und der bloße Verdacht darf nicht ausreichen zur Verurteilung oder gar Tötung des oder der Christen!

Aber selbst wenn der Verdacht zweifelsfrei bewiesen werden sollte, sei daran erinnert:
Die Anfänge des Islam bestehen darin, daß endlos, endlos viele Christen in der Welt zum Islam bekehrt wurden und das Christentum hat das damals wohl KEIN BISSCHEN an den Islamisten, die sie zum Islam bewegten, bestraft oder geahndet!!

Wer hier mit zweierlei „Maß mißt" bei Christen und bei Moslems bezüglich Glaubenswechsel, wenn es denn nicht vermeidbar ist, der rechnet nicht mit der gütigen Gerechtigkeit des Allerhöchsten!

Hätte die Christenheit die Bekehrung von Christen zum Islam damals mit dem Tode bestraft von Anfang an, wie es heute für das Umgekehrte strenge Islamisten fordern, dann wäre der Islam SO wohl kaum zur Weltreligion geworden!

Band 2:
Warum es letztendlich Kriege gibt und Leid

Die Bekehrung von endlos, endlos vielen Christen zum Islam gehört somit unweigerlich zu den Anfängen des Islam und die Toleranz der Christenheit damals dazu wurde daher zu den tragendsten Säulen des Islam!

Manfred Heymann

Ein Sprichwort sagt: „Wo Licht ist, da ist auch Schatten!" Bei allen hervorragenden Früchten des friedlichen Islam ist es im Streben um das Gute, das der Allerhöchste möchte in der Welt, bekümmerlich,

– daß Menschen nicht frei sein können, vor allem Frauen auch eingesperrt werden,

– daß im Namen des Glaubens noch Kriege geführt werden, worunter der Allerhöchste sehr, sehr leidet, weil Er alle Menschen liebt (wie ich bereits in diesem meinem Buch ausgeführt habe), die Er Alle geschaffen hat.

– unmenschliche Maßnahmen sind bekümmerlich, die der Liebe des Allerhöchsten entgegenlaufen, wie mögliche grausame Bestrafung von Gesetzesbrechern und Andersgläubigen und Ungläubigen und bei denen, die vom Islam aus sich einer anderen Religion zuwenden möchten.

Band 2:
Warum es letztendlich Kriege gibt und Leid

– Zwangs-Ehen, wo Frauen für einen Ehrbegriff unmenschlich leiden müssen und dafür sogar geopfert werden.

Der Allerhöchste ist auch gerecht und als Mensch schuf Er die Frau, nicht als Tier!

All das ist traurig, sehr traurig im Streben um das Paradies auf der Erde für alle Menschen, das der Allerhöchste möchte;

bei allen hervorragenden Früchten des friedlichen Islam!

Band 2:
Warum es letztendlich Kriege gibt und Leid

Denn als der Allerhöchste das Universum und die Erde schuf, hatte Er das Paradies hier unten für alle Menschen vorgesehen und eingerichtet; und nichts von Kriegen, Menschen-Tötung (die Zehn Gebote), Gewalt, Haß, Unversöhnlichkeit, Unmenschlichkeit, Unbarmherzigkeit und alles Grausame, die sämtlich Seine Konkurrenz anstrebt und die Hölle auf Erden bedeutet für die Menschen!

Manfred Heymann

Band 2:
Warum es letztendlich Kriege gibt und Leid

Mit freundlicher Genehmigung von Ulrich Heymann.

Band 2:
Warum es letztendlich Kriege gibt und Leid

Gottes Schöpfung und die Darwin'sche Lehre

Für meine Idee, die ich vor Jahren in meinem ersten Buch niederschrieb und im Jahre 1988 an den Vatikan Johannes Paul II. sendete, erhielt ich mein erstes päpstliches Schreiben. In diesem Buch nenne ich die Göttliche Schöpfungsgeschichte 'Allgemeine Schöpfungsgeschichte' und die Darwin'sche Lehre 'Spezielle Evolutionsgeschichte'.

Ein Zankapfel ist es von je her. Denn die Allgemeine Schöpfungsgeschichte Gottes umfaßt das ganze Universum. Die entscheidenden Impulse der Artenveränderungen bis hin zum Menschen kamen im Garten Eden von Gott, durch die die Spezielle Evolutionsgeschichte Darwins außerhalb des Garten Edens von Anfang an maßgeblich beeinflußt wurde. Man bedenke aber, daß Gott als Schöpfer auch aller physikalischen, chemischen und biologischen Gesetzmäßigkeiten damit ohnehin alles im Universum und alles auf der Erde erschaffen hat. Desweiteren ist nicht auszuschließen, daß Gott nicht nur alle entscheidenden Impulse der Artenveränderungen bis hin zum Menschen im Garten Eden gegeben, sondern auch alle entscheidenden Impulse der Artenveränderungen außerhalb des Garten Edens initiiert hat.

Band 2:
Warum es letztendlich Kriege gibt und Leid

Im Buch 'Botschaft der Barmherzigen Liebe an die kleinen Seelen' nennt Jesus auf Seite 507 sogar das Werden jedes Menschen im Mutterleib *"Das Werk des Schöpfers in seinem Geschöpf"*. Zitat (vom 18. Juli 1973): *"... morden sie straflos das Werk des Schöpfers in seinem Geschöpf, das winzige Kind im Schoß seiner Mutter ..."*

Es kann doch sein, daß dem Herrgott Seine Schöpfung wie sieben Tage vorkam, zumal Albert Einstein bewiesen hat, daß Zeit relativ ist! Gott steht für Alle Wahrheit ein und damit auch für Alles Wahre an Naturwissenschaften! Denn Gott ist der Begründer Alles Seins und Aller Wahrheit! Wie weit die Naturwissenschaftler in ihren Einsichten auch immer kommen mögen, Gott war von je her da!

Man muß auch berücksichtigen, wem Gott Seine Allgemeine Schöpfungsgeschichte erzählt hat: Es waren einfache Menschen, die in Physik, Chemie und Biologie nicht bewandert waren. Eine naturwissenschaftliche Ausführung Gottes hätten sie wohl kaum verstanden. Dennoch ist die Schöpfungsgeschichte Gottes heilig und achtenswert, weil sie die Gedanken Gottes sind, neben Seinen naturwissenschaftlichen Schöpfungsgedanken.

Der Respekt vor Gott gebietet zumindest Achtung vor Seinen für Menschen vereinfachten Erklärungen und Ausführungen, auch wenn man anderer Meinung ist! Denn die Ewigkeit ist lang und ohne Gott ist sie furchtbar, schlimmer als ein ewiges Sitzen in einem Warteraum!

Band 2:
Warum es letztendlich Kriege gibt und Leid

Mit freundlicher Genehmigung von Ulrich Heymann.

Band 2:
Warum es letztendlich Kriege gibt und Leid

Die unbefleckte Empfängnis der Jungfrau und Gottesmutter Maria

Die Jünger hatten nach der Auferstehung Jesu von den Toten alle Türen und Fenster verschlossen und Jesus trat in ihre Mitte! Das war eine ähnliche Wiederholung der unbefleckten Empfängnis der Jungfrau und Gottesmutter Maria, also Mutter Jesu! Wer vermochte das zu erkennen? Meine Idee und Einsicht! Und doch bin ich fast nur Staub gegenüber Jesus und Maria!

Anna Katharina Emmerich hatte eine Vision von der übernatürlichen Geburt Jesu, bei der Maria, die Mutter Jesu, jungfräulich blieb.
Das hier war auch meine Einsicht von vor Sommer 2004!

Band 2:
Warum es letztendlich Kriege gibt und Leid

Mit freundlicher Genehmigung von Ulrich Heymann.

Band 2:
Warum es letztendlich Kriege gibt und Leid

Mein Lösungsansatz gegen Malaria

Hier nun mein Lösungsansatz gegen Malaria, die durch den Krankheitserreger verursacht wird, der von der Anophelesmücke beim Blutansaugen übertragen wird.

In der Nähe aller Wasserstellen werden Beutel aus Tierhaut (z.B. Kuhhaut) mit Tierblut darin abgelegt. Das Blut enthält einen Klebstoff, so dass der Anophelesmücke beim Hineinstechen in den Beutel die Stechnadel zuklebt und sie keine Nahrung mehr aufnehmen kann; sie verendet dann mit der Zeit. Es empfiehlt sich, dem Blut ein starkes Konservierungsmittel beizumischen, damit die Blutbeutel lange attraktiv bleiben für die Anophelesmücken.
Sticht eine Mücke dann noch einen Menschen, so können die Malaria-Erreger nicht vom Kopf der Mücke durch den Rüssel in das Blut gelangen. Jede Übertragung des Erregers wird durch den Klebstoff verhindert. Der Mensch wird nicht infiziert. So kann man weltweit auf preisgünstige Weise die Malaria-Krankheit ausrotten.
Die Beutel, an allen Wasserstellen auf Bäumen zum Schutz vor Raubtieren und in der Nähe von Menschen auf Hausdächern ausgelegt, müßten die Anophelesmücken mit der Zeit aussterben lassen und damit die Malaria-Krankheit ausrotten.

Band 2:
Warum es letztendlich Kriege gibt und Leid

Verschiedene starke Konservierungsmittel für das Tierblut sollten eingesetzt und die Beutel auch immer wieder gewechselt werden, damit nicht eine kleine Population an Anophelesmücken eine Abneigung gegen einen bestimmten Konservierungsstoff entwickelt, so daß die Maßnahme nicht mehr greift, wenn sich diese Population ausbreitet.
Sollte hingegen eine Population von Anophelesmücken eine Abneigung gegen alle Konservierungsstoffe entwickeln, dann wäre es notfalls angebracht, alle Blutbeutel durch schwache radioaktive Substanzen haltbar zu machen.

Im Jahr 2002, nach meinen Aufzeichnungen wohl im Monat November, suchte ich meinen Freund und Facharzt Dr. med. Harald auf. Ich bat ihn, diese meine Idee gegen Malaria in beiliegender Beschreibung an die WHO, die Weltgesundheitsorganisation der Vereinten Nationen (die UNO), zu senden. Es sollte dem Wohle Aller dienen, vor allem in armen Ländern. Mein Freund Dr. med. Harald ist schwer in Ordnung und er genießt mein absolut vollstes Vertrauen, auch wenn der Kontakt irgendwie abgebrochen ist. Er hat mir zugesagt, diese Beschreibung weiterzureichen.

Um den März 2007 wohl schickte ich eine Kopie dieser meiner Idee gegen Malaria an das Deutsche Medikamen-

Band 2:
Warum es letztendlich Kriege gibt und Leid

tenhilfswerk "action medeor" und auf meinen Wunsch hin sagten sie mir zu, diese meine Idee in Fachkreisen publik zu machen. Dafür bin ich ihnen dankbar.

In der Fernsehsendung "Welt der Wunder" auf n-tv wurde am 13.05.2009 gegen 20:30 Uhr von einem Impfstoff gegen Krankheitserreger, die von Zecken übertragen werden, berichtet. Bei Tieren wurde dieser Impfstoff laut diesem Bericht bereits erfolgreich getestet.
Sogleich erinnerte ich mich an meine Idee gegen Malaria-Übertragung. Denn in diesem Beitrag wurde berichtet, daß der Impfstoff im Körper von Tieren Antikörper entwickelt, die den Saugrüssel der Zecke verstopfen, ohne dass die Krankheitserreger übertragen werden können und so die Zecke verhungert.

Band 2:
Warum es letztendlich Kriege gibt und Leid

Manfred Heymann: Wahre Weisheiten

© by Ulrich Heymann

Mit freundlicher Genehmigung von Ulrich Heymann.

Band 2:
Warum es letztendlich Kriege gibt und Leid

Mein Lösungsansatz gegen AIDS

Wären alle Menschen
treu zu einer Frau/einem Mann,
dann hätte AIDS
keine Chance in allen Ländern!
Nur die Ehe-treuen Menschen
in der Welt
werden eine Zukunft haben!
Je früher die Menschheit
das erkennt, umso besser
und umso mehr Menschen
werden überleben!
Ich habe auch in
meinem ganzen Leben
NUR meine Frau
ehelich geliebt! Nur Sie!

Auch wenn man heute mit HIV und Medikamenten länger leben kann, wie lange geht das gut, über Generationen? Die endlos vielen verschiedenen HI-Viren können immer wieder mutieren (von „Mutation": Plötzliche Änderung eines Gens der Erbanlagen, auch in der Natur möglich, <u>nachweisbar</u>, was in der Biologie eine wesentliche Voraussetzung für die Vielfalt der Arten und Unterarten von

Band 2:
Warum es letztendlich Kriege gibt und Leid

Tieren und Pflanzen darstellt) und entwickeln sich gefähr-
lich weiter, die HI-Viren im Leib des, bzw. Der Menschen!
[Alles mein Text! Manfred Heymann]

„Ich bin auch gegen Rassismus! Nur scheint mir das
Problem von AIDS in Afrika besonders schlimm zu sein;
ein großer Teil von Menschen vom gewaltigen Kontinent
stirbt weg, letztendlich durch nicht gelebte Liebes-Treue,
meine Einsicht, und NICHT, wie oft der falsche Eindruck
entsteht, an einer „natürlichen" Krankheit AIDS!
Die Menschen in Afrika müssen hier >aufwachen<! Vielleicht werden durch diese meine Worte einige Millionen
Menschen in Afrika in Zukunft gerettet werden vor AIDS
und vor dem Tod! Falsch verstandene Rücksicht führt hier
zum Völker-Exodus!
Manfred Heymann"

Band 2:
Warum es letztendlich Kriege gibt und Leid

Mit freundlicher Genehmigung von Ulrich Heymann.

Band 2:
Warum es letztendlich Kriege gibt und Leid

Manfred Heymann: Wahre Weisheiten

Band 2:
Warum es letztendlich Kriege gibt und Leid

Weitere (kurze) Einsichten von mir

Meine Einsicht ist, dass Gott NIE auch nur eine gute Tat je vergessen wird!

(1) Naturkatastrophen und ihre Opfer

Die Tsunamikatastrophe vom 2. Weihnachtstag 2004 mit weit über 100 000 Toten und die jetzige Erdbebenkatastrophe von Haiti mit wohl 50 000 Opfern an Toten sind nur noch durch den Jahrzehnte während millionenfachen Mord an abgetriebenen Kindern weltweit und der endlosen tödlichen Auslese von Menschen in ihrer Stammzellen-Phase und in ihrer Embryo-Phase zu erklären.

Wenn die Menschheit damit nicht aufhört, dann ist noch weit Schlimmeres nicht auszuschließen; DENN GOTT KANN NICHT MIT DEM BLUT VON ABERMILLIO-NEN KLEINKINDERN LEBEN - DIESEM MEER VON BLUT!

Achten wir alle hier darauf, daß wir nicht selbst schuldig werden an den Tätern der Abtreibungen, daß nicht auch Blut an unseren Händen klebt. Das möchte Gott nicht.

Die Konkurrenz Gottes löst die Katastrophen in der Welt aus, auch wenn der Mensch nach (1) dafür verantwortlich

Band 2:
Warum es letztendlich Kriege gibt und Leid

ist!

Nach dieser meiner Einsicht ist es nicht verwunderlich, daß der grausame Tsunami mit weit über 100 000 Toten genau am 2. Weihnachtstag des Jahres 2004 über die Menschen hereinbrach!

Die Konkurrenz Gottes möchte uns das Weihnachtsfest damit gründlich verderben! Aber wie gesagt:

Meine Einsicht ist auch, daß das Böse in der Welt NUR SOVIEL Macht hat, WIE SEHR viele Menschen es anstreben mit all seinen negativen Verlockungen (und unfrei werden durch Abhängig-Werden davon) und WIE SEHR viele Menschen sich vom Allerhöchsten abwenden in ihrem Leben auf der ganzen Welt, DER die Menschen frei macht vom Bösen!

Manfred Heymann

(2) Erdbeben-Katastrophe in Haiti

Es gibt hier zwei Parallelen nach meiner Einsicht: Wenn Naturkatastrophen wie Tsunamis und Erdbeben auftreten mit Tausenden von Opfern oder vielen, vielen Tausenden zu beklagenden Toten, dann gibt es die naturwissenschaftliche Seite, daß die Katastrophe durch natürliche Gege-

Band 2:
Warum es letztendlich Kriege gibt und Leid

benheiten erklärbar ist, also durch Umstände in der Natur ihre Ursache hat! ABER für mich gibt es dann GLEICH-WERTIG die Parallele im Jenseits, nämlich daß Gott endlos fürchterlich leidet unter den Menschen UND DA-HER GOTT das Böse in der Welt zuläßt, das die tödlichen Naturkatastrophen auslöst. Weil Gott unter den Menschen schrecklich leidet!

Denn würde Gott kaum oder gar nicht unter den Menschen leiden, dann kann Gott JEDERZEIT das Böse in der Welt aufhalten, wofür es auf der naturwissenschaftlichen Seite AUCH IMMER EINE BEGRÜNDUNG GEBEN WIRD, WARUM DIE KATASTROPHE NICHT AUFTRITT, WOFÜR GOTT DANN AUCH MIT LEICHTIGKEIT SORGEN KANN, nach meiner Einsicht!

Manfred Heymann 31.1.2010

Das gilt für Alle Katastrophen!

Auffallend viele Katastrophen geschehen in letzter Zeit in aller Welt. Auch Europa hat sich schuldig gemacht bei Abtreibungen und Auslöschung von Embryonen. Der Vulkanausbruch von Island war eine Warnung an Europa. Umso wichtiger ist deshalb, daß die Menschheit auch das WARUM dieser Katastrophen erkennt.

Alle unbelebte Materie des ganzen Universums hat nicht soviel Wert wie ein einziger Mensch vor Gott.

Beim Menschen kann diese Einsicht aufflackern, wenn ein geliebter Mensch gerade gestorben ist. Wenn aber jeder

Band 2:
Warum es letztendlich Kriege gibt und Leid

Mensch eine ganze Erde besäße, dann bräuchte keiner Gott mehr. Und das wäre mit das Schlimmste, was dem Menschen zustoßen kann.

(3)   Ein Geburtstagsgruß

"Das wunderbarste an den Wundern ist, daß sie manchmal wirklich geschehen."

Gillbert K. Chesterton

Sehr geehrter Herr Heymann,
Zu Ihrem 49. Geburtstag gratulieren wir herzlich und wünschen Ihnen Glück und Gesundheit für viele weitere Lebensjahre.
Ihre action medeor
Carina Ilendricks

(4)   Aktuell zu Mißbrauch in der Katholischen Kirche

Die pädophilen Mißbräuche sind so ein Ärgernis für die Opfer, die katholische Kirche und für den Himmel. Nun

Band 2:
Warum es letztendlich Kriege gibt und Leid

wird es der Himmel noch schwerer haben, Seelen zu retten. Die pädophilien Täter, die überführt wurden, sollten einmal als Buße "pudel-nackt", also nicht ganz nackt, durch die Stadt laufen, damit sie wieder Schamgefühl lernen. Gewiß sollte das vorher angekündigt werden, um "Erregung öffentlichen Ärgernisses" zu vermeiden. Manchmal bekämpft man sinnbildlich Feuer am besten mit Feuer.

Zu heute bis ins Grenzenlose gehende Forderungen an Reformen an die Katholische Kirche

Jesus sagt dazu im Buch „Botschaft der Barmherzigen Liebe an die Kleinen Seelen":
Auf Seite 270:
„Das Erbe meiner Kirche (katholisch; meine Anmerkung) aufzugeben, würde ihrem Untergang gleichkommen. Das darf nicht geschehen. Sie würden auf ihrem Weg nicht haltmachen, und ihre Forderungen würden keine Grenzen mehr kennen.
(meine Anmerkung: Die katholische Kirche ist hier gemeint; denn: In den über hundert evangelischen Kirchen sind nahezu grenzenlos Reformen umgesetzt worden! Manfred Heymann)
In Wahrheit sage Ich dir, es sind räudige Schafe in meinem Schafstall. Sie haben sich unter friedlichem Äußern

---

Band 2:
Warum es letztendlich Kriege gibt und Leid

---

dort eingeschlichen und sind nun am günstigen Platz, um ihre Irrtümer zu verbreiten. "

Jeder kann das nachlesen! Auf Seite 237 vom selben Buch:

„Die freiwillige Buße ist der auferlegten Buße bei weitem überlegen. Die eine wird geleistet unter dem Einfluß der Liebe, die andere unter dem Einfluß der Furcht. Deshalb hat das Vorgehen der Kirche meine volle Zustimmung. "

(Katholische Kirche; meine Anmerkung)

Auf Seite 267 sagt Jesus:

„Meine Lehren ändern sich jedoch niemals. "

Auf Seite 239 sagt Jesus:

„Ja, euer Gott kann euch auch danken. Danken dafür, daß ihr euch lieben laßt. Danken für eure Treue, während sich so viele andere, selbst solche, die sich meine Kinder nennen, von Mir abwenden, um nur nach ihrem eigenen Kopf zu handeln.

Wahrlich, Ich sage dir, das Chaos, das gegenwärtig in der Welt herrscht, ist diesem beklagenswerten Zustand zu verdanken. "

Band 2:
Warum es letztendlich Kriege gibt und Leid

Ich meine nur in ganzer Demut und Gottes-Sehnsucht auf dem allerletzten Platz, der mir am liebsten von allen ist in meiner geliebten Katholischen Kirche:
Die evangelischen Kirchen sind äußerst wichtig für Alle Seelen, also Menschen, die die Katholische Kirche nicht oder nicht mehr erreichen kann!

Folglich sind sie auf diese Weise auch äußerst wichtig für den Himmel!

Manfred Heymann

Band 2:
Warum es letztendlich Kriege gibt und Leid

(5)   Ein päpstliches Schreiben

Vom Vatikan erhielt ich ein weiteres päpstliches Schreiben, das auf den beiden folgenden Seiten einzusehen ist.

Im Laufe meines Lebens habe ich schon mehrere Schreiben vom Vatikan erhalten.

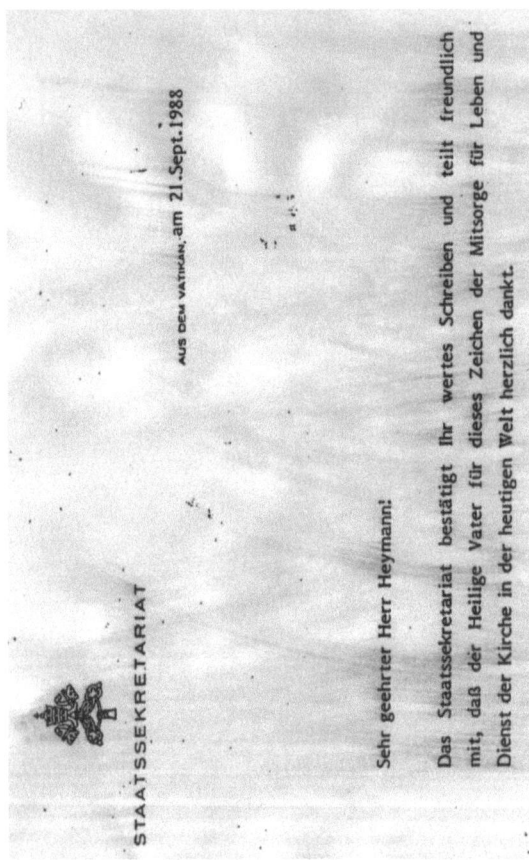

STAATSSEKRETARIAT

AUS DEM VATIKAN, am 21.Sept.1988

Sehr geehrter Herr Heymann!

Das Staatssekretariat bestätigt Ihr wertes Schreiben und teilt freundlich mit, daß der Heilige Vater für dieses Zeichen der Mitsorge für Leben und Dienst der Kirche in der heutigen Welt herzlich dankt.

Band 2:
Warum es letztendlich Kriege gibt und Leid

Gern betet er für alle, die sich bemühen, den Willen Gottes für unsere Zeit zu erkennen und anderen bewußt zu machen, und lädt auch Sie dazu ein, mit ihm die Führung des Heiligen Geistes für sich und die Kirche zu erbitten.

Mit besten Segenswünschen,

(Mons. C. Sepe, Assessor)

Meine Einsicht: „Das Himmlische Gesetz"

Es besteht in folgendem:
Zu allen Zeiten gilt:

Wenn es den Ärmsten in einer Gesellschaft wirklich
schlecht geht, dann kann es der ganzen Gesellschaft nicht
wirklich gut gehen!
Das ist nach meiner Einsicht das Himmlische Gesetz!

Manfred Heymann

Band 2:
Warum es letztendlich Kriege gibt und Leid

Als krasses Beispiel dazu führe ich hier an:

Als im Dritten Reich die Verfolgung von Israeliten und Oppositionellen begann und erste Konzentrationslager bebaut wurden zur schrecklichen Vernichtung, auch von Frauen und Kindern, grausam,
wurden bald wehrfähige Deutsche in den Krieg geschickt, Ehemänner, Söhne und Brüder und nur wenige Jahre später hatte durch Bombenhagel die ganze Bevölkerung Tote zu beklagen, auch viele Frauen und Kinder, schrecklich!

Die Gesellschaft SELBST ist und bleibt hier der Täter, NICHT der Himmel! Dieser „spiegelt" das begangene Unrecht und Unheil wie mit einem „Schild" auf die ganze Gesellschaft zurück, nach meiner Einsicht!

Aus all dem folgt die dringende Mahnung des Himmels:
Tut den Ärmsten oder/und Ausgestoßenen in einer Gesellschaft NICHTS SCHLIMMES AN, SONST FÄLLT DIESES UNHEIL AUF DIE GANZE BEVÖLKERUNG ZURÜCK, nach dem Himmlischen Gesetz!

Manfred Heymann

Band 2:
Warum es letztendlich Kriege gibt und Leid

Mit freundlicher Genehmigung von Ulrich Heymann.

Band 2:
Warum es letztendlich Kriege gibt und Leid

Engel-Träume

Auch hier sind Alles <u>meine</u> Einsichten:
Wie sehr beneiden uns die Engel, daß wir auf der Erde
SO VIEL GUTES für Gott und für die Menschen tun
können ...?!

GERADE WEIL die Gelegenheiten zur Sünde da sind
auf der Welt,
zählt jede gute Tat hier unten UMSO MEHR; daher auch
weit mehr als ein guter treuer Dienst der Engel im Himmel in überströmender Gnade und Herrlichkeit! Nicht
einmal einen Brief zum Guten können sie schreiben!

Was würden die Engel Gottes Alles anfangen auf der Erde, wenn sie nur könnten ...?

Aber ach - sie träumen vergebens davon ! So kann es
kommen,
daß Engel auf die Erde möchten
Und Menschen in den Himmel!
Aber wir, Sie und ich, haben noch alle Möglichkeiten der
Engel-Träume, solange wir auf dieser Erde sind!

Manfred Heymann

Band 2:
Warum es letztendlich Kriege gibt und Leid

Mein Lebenslauf

1960:	In Aachen geboren als einer von sieben Söhnen des Oberstudienrats Johannes Heymann und von Anni Heymann, geborene Heilkenbrinker. Bei meiner Einschulung kam ein Professor in die Schule und führte einen Intelligenztest durch. Er gab mir die Note sehr gut.
Ca. 1968:	Umzug nach Düsseldorf.
1979:	Mein Vater stirbt an einem Kriegsfolgeschaden.
1980:	Abitur mit Biologie und Chemie.
1981/'82:	Zivildienst als Hilfspfleger.
1982:	Ich studierte einige Semester katholische Theologie, Mathematik und Physik, und wollte Schriftsteller werden. Ich schrieb Bücher, die nicht veröffentlicht wurden.

Band 2:
Warum es letztendlich Kriege gibt und Leid

Manfred Heymann: Wahre Weisheiten

1987:	Mein jüngster Bruder, Martin, war bereits seit Jahren chronisch psychisch krank und versuchte, sich das Leben zu nehmen. Meine Mutter und ich konnten das verhindern. Allerdings starb meine Mutter an den Folgen dieses Unfalls am 07.11.1989. Dadurch erlitt ich einen seelischen Schock.
1989:	(Ostern) Einweisung in eine Nervenklinik für 7 Monate. In der Zeit haben sich drei Menschen aus meiner Gruppe das Leben genommen und einer überlebte schwer verletzt.
02.11.1989:	Unterbringung in ein Heim für chronisch psychisch Kranke. Dort arbeitete ich 13½ Jahre in einer Behinderten-Bäckerei.
30.07.1997:	Ich lernte meine jetzige Frau kennen. Bereits damals litt sie an irrationalen Todesängsten, jeden Tag, bis heute.
Ca. 1999:	Ich schrieb meinen "Nachweis Gottes und der Seele" nieder in der endgültigen Fassung. Nur war bis 2008 keiner bereit, das zu veröffentlichen.

Band 2:
Warum es letztendlich Kriege gibt und Leid

13.02.2000:	Der arme Martin nimmt sich das Leben in einer Klinik nach 17 Jahren chronischer Erkrankung.
2001:	Meine Frau und ich zogen aus dem Heim aus in eine gemeinsame Wohnung.
2004:	(Sommer) Ich wollte Gott und der Menschheit mit meinem Verstand und meinen Ideen viel Gutes tun, aber in einer Nacht zündeten meine Feinde im Garten eine Art Gummi an. Sie räucherten mir damit meinen Verstand weg. Ich wachte mit schwerster Atemnot und endlosem Husten und Schnappen nach Luft auf. Mein Hals fühlte sich an wie ein alter verrußter Kamin. Ich konnte nie mehr so gut denken wie vor dieser Nacht. Mein Verstand wurde hier durch Sauerstoffmangel weggeräuchert. Seitdem bewahre ich mein eigenes geistiges "Erbe" von vor dieser Verräucherung. Vater, vergib ihnen, denn sie wissen nicht, was sie tun!

Band 2:
Warum es letztendlich Kriege gibt und Leid

Seit Jahren versuche ich nun, meinen damaligen Verstand zu reaktivieren. In meinem Leben war ich bisher immer und immer wieder guten Willens, Gutes zu tun für Gott und für die Menschen, und dennoch bin ich heftig gescheitert; nicht zuletzt durch die Bosheit anderer. Ich tauge daher leider nicht mehr als Heiliger. Auch angesichts dessen, dass ich bis zu meinem 38. Lebensjahr keusch, also jungfräulich blieb, obwohl mein Vater sieben Kinder hatte und mein Großvater väterlicherseits elf. Meine aufbrausende Art bekam ich auch von meinem Vater geerbt, die aber jede Heiligkeit ausschließt.

Mir war von jeher klar: Mein Glaube ist Wissen! Ich wußte immer, daß Gott existiert. Ja, daß ER realer ist als ich, in Seiner Unsterblichkeit. Ich bete jahrelang für alle Opfer von Unmenschlichkeit und von Unbarmherzigkeit.

Bei allem guten Willen, den ich im Leben immer wieder aufbrachte: Möge mein Leben wenigstens nicht vergebens sein, wenn ich einst gehe. Möge etwas Gutes bleiben, für Gott und für die Menschen; auch in der Wirkung meiner Werke Gutes. Amen.

Band 2:
Warum es letztendlich Kriege gibt und Leid

Mit freundlicher Genehmigung von Ulrich Heymann.

Band 2:
Warum es letztendlich Kriege gibt und Leid

Quellennachweis

[1] Lutherbibel von 1912 im Internet:
http://www.bibel-online.net/buch/40.matthaeus/13.html
(Internetlink vom 26.04.2010)

[2] Marianische Laien für Marpingen: W. Bauer, Walters-
höhe 20, D-67159 Friedelsheim, Germany, Fax: 06322-
67688, Tel.: 06322- 63587

[3] Botschaft der Barmherzigen Liebe an die kleinen Seelen. Katholisches Schriften-Apostolat, Postfach 1247, D-
88416 Ochsenhausen.

[4] Mein Name ist Jacinta. Deutsche Vereinigung für eine
Christliche Kultur (DVCK) e.V., 1. Deutsche Ausgabe
1998, Bestelladresse: DVCK e.V., Emil-von-Behring-Str.
43, 60439 Frankfurt am Main. ISBN: 3-9805070-7-6.
(Damit kündigte die Muttergottes Maria, die Mutter Jesu,
den zweiten Weltkrieg an, falls sich die Menschen nicht
bessern!)

[5] Meine Erlebnisse mit Armen Seelen. Von Maria Sim-
ma, erschienen 1990 beim CHRISTIANA-VERLAG,
(Stein am Rhein-Salzburg), STEIN AM RHEIN - SALZ-

Band 2:
Warum es letztendlich Kriege gibt und Leid

BURG. ISBN: 3-7171-0217-6.

[6] Jesus spricht zur Welt. Erschienen 1994 beim Parvis-Verlag; Anschrift: Parvis-Verlag, CH - 1648 Hauteville, Schweiz. ISBN: 3-907523-53-9.

[7] NOSTRADAMUS von Bernhard Bouvier, erschienen 1996 beim Ewertverlag. ISBN: 3-89478-153-X.

Band 2:
Warum es letztendlich Kriege gibt und Leid

Jesus Gottes Sohn: Gibt es Beweise?

Daß Jesus und sogar seine Mutter Maria mit seiner Hilfe immer wieder Begnadeten erscheinen, mit jedesmal konkreten Worten, im Laufe der Katholischen Kirche,
wie in diesem Buch allein reichlich nachzulesen ist,
ist für mich DER BEWEIS, daß Jesus der Sohn Gottes ist!
Daneben ehrt ihn, daß er das Welt-Christentum gegründet hat!
Und doch bleibt der Prophet Mohammed als Gründer der Weltreligion des Islam ein erhabener Prophet!
Und unser lieber ehrwürdigster Abraham bleibt der Ur-Vater der Menschheit; der Menschheit des Allerhöchsten, also auch Aller Juden, Moslems und Christen ALLER ZEITEN!
WIE SOLLTE DA KRIEG GEWOLLT SEIN ZWISCHEN IHNEN IN DIESEM GÖTTLICHEN HEILS-PLAN??
Unser lieber Vater Abraham hätte in seiner Güte ALLES DARAN GESETZT, DAS ZU VERHINDERN!!! Gepriesen sei er ewig, als unser Aller Vater! So hat es der Allerhöchste gewollt!

Band 2:
Warum es letztendlich Kriege gibt und Leid

Nach meiner Einsicht sind im Grunde <u>VON ANFANG AN</u> in Vater Abraham RELIGIONEN VEREINT! Nach dem Plan des Allerhöchsten!

Manfred Heymann

Und unser lieber, gütiger Vater Abraham ist der oberste Anführer und Schlichter der Religionen, nach meiner Einsicht, zumindest mit Sicherheit der drei monotheistischen Religionen: Judentum, Christentum und Islam! Wenn nicht aller Religionen!

Vater Abraham wollte in seiner Güte und Menschenfreundlichkeit <u>NICHT EINMAL</u>, daß sich seine Diener mit den Dienern von Lot um eine Wasserstelle streiten! [siehe 1 Mose 13, 8 u. 9]

(Jeder, der Glaube lehrt, möge dies betrachten: Diese himmlische Güte!)

Und die ganze Menschheit Aller Zeiten sind die Seinen, nach den heiligsten Worten des Allerhöchsten!

Manfred Heymann

Band 2:
Warum es letztendlich Kriege gibt und Leid

Zurück zu Jesus als Gottes Sohn:

Und Jesus ist bekanntlich der einzige Mensch in der Menschheitsgeschichte, der Tote zum Leben erwecken konnte! Das hätte er NIE GEKONNT, wenn nicht Göttliches in ihm wäre!

Und da der Allerhöchste göttliche Wesen nicht erschafft, sondern ZEUGT (und Er der Einzige Allerhöchste ist), Indem Er hochheiligst (nicht wie bei Menschen) Irgendetwas VON SICH teilt und abgibt, ist das Obige für mich der ZWEITE BEWEIS, daß Jesus der wahre Sohn Gottes sein muß!
Und da, wie erwähnt, Jesus der einzige Mensch in der Menschheitsgeschichte ist, der Tote zum Leben erwecken konnte (neben vielen anderen seiner Wunder), ist er folglich auch der einzige Sohn des Allerhöchsten!

Manfred Heymann

Das sind meine Beweise zu Jesus als Gottes Sohn!
Und da der Allerhöchste im Jenseits existieren kann ohne das diesseitige Universum (bei Ihm ist Alles möglich!),

Band 2:
Warum es letztendlich Kriege gibt und Leid

kann es Sein Sohn auch! So konnte er vor Urzeiten, möglicherweise noch vor Erschaffung dieses Universums und vielleicht <u>VOR ALLER möglichen vorherigen</u> Universa gezeugt worden sein im Jenseits!

Manfred Heymann

Band 2:
Warum es letztendlich Kriege gibt und Leid

Wer möchte es dem Allerhöchsten verbieten, einen eigenen Sohn zu haben ...? Wer ...?
Wo so viele Menschen zum Beispiel Freude daran haben!!
Hat Er, der Erhabendste, nicht Alles Recht des Universums, auch Vaterfreuden zu genießen ...?! Hat der Allerhöchste nicht das Recht VOR all Seinen Geschöpfen vor aller Zeit ALS ERSTER diese Vaterfreude zu haben ...?!
Erlaubt Ihm gerade Seine Allmacht nicht auch das ...?!
Wer möchte es Ihm verwehren?

Wer verlangt, daß Er, der Unendliche, NUR Seine Geschöpfe um sich haben soll ...?

Wie sollte dem Schöpfer Allen Seins NICHT AUCH ZUSTEHEN, WAS ER ALLEN SEINEN MENSCHEN (UND TIEREN, ALSO GESCHÖPFEN) ERLAUBT: VATER ZU SEIN UND EINEN SOHN ZU HABEN ...?

Manfred Heymann

Band 2:
Warum es letztendlich Kriege gibt und Leid

Nach all diesen
meinen Einsichten
muß das
Universum
und alle
möglichen weiteren

VOLLER

CHRISTEN

SEIN!!!

Manfred Heymann, 24.10.2010

Der Koran sagt:
„Christus wird es nicht verschmähen, ein (bloßer) Diener Gottes zu sein" (Sure 4, 172).

Ja, aber auch wenn Jesus sich selbst erniedrigt, BLEIBT ER DENNOCH, WAS ER IST!

Manfred Heymann

Band 2:
Warum es letztendlich Kriege gibt und Leid

**DAMIT ES JA JEDER VERSTEHT
UND BEGREIFT:**

DAS HÖLLISCH-BÖSE
ÜBEL DER GEWALT
UND FOLGENDER GEWALT,
DIE <u>AM ENDE</u>
(UNS) <u>ALLE</u>
„AUFFRISST" (IN HASS)
UND DANN KEINEN
MEHR VERSCHONT

Band 2:
Warum es letztendlich Kriege gibt und Leid

ALLES SCHRECKLICH:

- der 11. September 2001 mit der Zerstörung des World Trade Centers und vielen Toten
- der Krieg in Afghanistan mit vielen, vielen Toten bis heute
- amerikanische kriegerische Invasion mit Verbündeten im Irak mit endlosen Toten, auch in der Zivilbevölkerung
- jahrelang Terror-Bomben-Anschläge auf amerikanische Soldaten und deren Verbündete und auf irakische Sicherheitskräfte, mit Opfern auch in der Zivilbevölkerung
- jüngste Enthüllungen im Internet über Tötungen von Unschuldigen im Einsatz von Soldaten und Flugzeugen im Irak und über schlimme Folterungen in Gefängnissen von irakischen Sicherheitskräften an irakischen Gefangenen
- WIE geht das schrecklich weiter?
- WO ENDET DAS JEMALS?

Band 2:
Warum es letztendlich Kriege gibt und Leid

Anfrage: Wie kann ein Krieg „heilig" sein, wo die Menschen in jedem Krieg <u>IMMER NUR die Hölle erleben</u> und in dessen Folge selbst unschuldige Kinder getötet werden (was unbestreitbar teuflisch ist)?

Die Hölle kann <u>NIE</u> heilig sein!

Die Amerikaner und Westliche werden wohl <u>NIE</u> den Krieg gegen den Terrorismus gewinnen bekanntlich und BEVOR AMERIKA JEMALS „FALLEN" WÜRDE VOR ISLAMISCHEM TERROR, GEHT DIE WELT UNTER IM WELTKRIEG!!!

Was wäre für den Islam damit gewonnen?

Und Wer „löscht" den Welt-Brand dann noch?

Wer hält diese Kriegs-Maschinerie dann noch auf?

NUR FÜR DEN FALL, daß der Islam VIELLEICHT, EVENTUELL friedlich UND unfriedlich die Welt-Herrschaft anstreben SOLLTE:

Band 2:
Warum es letztendlich Kriege gibt und Leid

Ich möchte dazu nur sagen:
Die ganze Menschheitsgeschichte ist durchzogen <u>von gewaltigen Reichen</u> wie dem Römischen Reich und dem Kommunismus, die ALLE, ALLE die Weltherrschaft anstrebten und doch ist <u>VON ALL DENEN NUR DIE WELT-ORDNUNG GEBLIEBEN, DIE DER ALLERHÖCHSTE WOLLTE</u> MIT CHRISTENTUM, ISLAM UND JUDENTUM UND WEITEREN MENSCHEN WIE IN ASIEN!

Manfred Heymann

Band 2:
Warum es letztendlich Kriege gibt und Leid

Kontaktmöglichkeiten

Herausgeber:
Peter Lay Media
Am Sonnenrain 4
D-71543 Wüstenrot
(Nähere Informationen unter www.peterlayinstitute.info)

Autor:
Manfred Heymann
Ernststraße 40
D-42117 Wuppertal

Band 2:
Warum es letztendlich Kriege gibt und Leid

© by Ulrich Heymann

Mit freundlicher Genehmigung von Ulrich Heymann.

Band 2:
Warum es letztendlich Kriege gibt und Leid

www.peterlayinstitute.info

"*Selig sind die Friedfertigen, denn sie werden Kinder Gottes genannt werden .*"
Matthäus 5:9

Engel-Träume

Auch hier sind Alles <u>meine</u> Einsichten:

Wie sehr beneiden uns die Engel, daß wir auf der Erde
SO VIEL GUTES für Gott und für die Menschen tun
können ...?!

GERADE WEIL die Gelegenheiten zur Sünde da sind
auf der Welt,
zählt jede gute Tat hier unten UMSO MEHR; daher auch
weit mehr als ein guter treuer Dienst der Engel im Himmel in überströmender Gnade und Herrlichkeit! Nicht
einmal einen Brief zum Guten können sie schreiben!

Was würden die Engel Gottes Alles anfangen auf der Erde, wenn sie nur könnten ...? <u>Aber ach sie träumen vergebens davon!</u> Aber wir, Sie und ich, haben noch alle
Möglichkeiten der Engel-Träume, solange wir auf dieser
Erde sind!

Manfred Heymann

So kann es kommen,
daß Engel auf die Erde möchten und Menschen in den
Himmel!

Peter Lay: Hüte Dich vor mächtigen Menschen, denn sie wissen nicht was sie tun! I Der Leidensweg des deutschen Erfinders Emil Johannes Pfautsch. 179 Seiten, Edition: Life. Verlag: Peter Lay Verlag, ISBN-13: 978-1439253809.

Lesen Sie hier, wie Drogenfolter und Elektroschocks durch die Psychiatrie das Leben des Herrn Pfautsch geprägt haben. Wenn Sie meinen, daß Sie mit der Biographie irgendeines Erfinders nichts anfangen können, dann wird Sie dieses Buch eines Besseren belehren. Denn hier lesen Sie, was wirklich hinter dem Geheimnis der Psychiatrie steht und wie es Ihr Leben mehr beeinflußt, als es Ihnen im Moment noch bewußt ist.

Manfred Heymann: Wahre Weisheiten - Band 1: Beweise Gottes und der Seele. 24 Seiten, Edition: Life. Verlag: Peter Lay Verlag, ISBN-13: 978-1451587524.

Lesen Sie hier, wie ein bodenständiger Mensch die Existenz Gottes und die Existenz der Seele beweist. Ganz ohne hochtrabende wissenschaftliche Terminologie zu verwenden, leicht verständlich und nachvollziehbar.

Herstellung und Verlag:
Books on Demand GmbH, Norderstedt
ISBN 978-3-8423-5113-4